JN039266

5万円からはじめる！

1億円を作る株式投資

安恒 理

Osamu Yasutsune

宝島社

はじめに

長年続いたデフレ経済が終わろうとしています。

日本銀行による利上げは秒読みに入り、物価もじわじわ上昇を続けています。企業も従業員に支払う給与も上げざるを得ない状況になってはいますが、印象としては物価上昇に賃金上昇が追いついていません。そうなると生活は苦しくなる一方。このまま放っておいては、生活レベルを落とすしかありません。

生活レベルを落としたくない、さらに将来はもっとゆとりある生活を送りたいという願いがあるなら、今ある収入にプラスアルファして別の収入源を設けることです。副業をはじめるのもいいでしょう。人それぞれの人生、生活スタイルがありますから、生活レベルのダウンを甘んじて受けるのもいいでしょう。しかし、ここに株式投資で資産運用を行なうという選択も検討されたらいかがでしょうか。

資産を増やす目的は、生活レベルの維持だけとは限りません。長寿時代となって、年金もどこまでアテにできるかわかりません。老後を豊かにするという目的があってもいいでしょう。

株式投資をはじめる動機は人それぞれ。

ただ一ついえるのは、株式投資は元本保証ではなく、そうカンタンに利益を挙げられるものではないということです。すでに株式投資をはじめておられる方の中には、痛い思いをしている人も多いと思います。

私はこれまで数百人にも及ぶ投資家の方々を取材してきました。中には十数万円からはじめて億の資産を築いた方もおられます。ただ、その方々も最初からうまくいっていたわけではなく、数々の失敗を繰り返しながらその都度勉強して資産を築いています。

本書が読者の生活を豊かにする一助になればと願っています。

令和6年6月吉日

第2章　世の中を定点観測して1億円を作る

第４章　株価水準から判断する手法で1億円を作る

第5章　1億円を作るために学ぶべき買い＆売りの極意とは

巻末特典

※投資はご自身の判断と責任で行なってください。本書の情報によって損害が生じたとしても、著者及び発行元はその責任を負いません。

序章

1億円作りのカギは銘柄選び

なぜ元手は5万円でも十分といえるのか

本書は「5万円で1億円を作る」というコンセプトのもとに執筆しています。

「5万円でそれだけ資産を増やせるのか」

という疑問をお持ちになる方も多いことでしょう。

実際に私が出会った投資家の中には、わずかな資金でミリオネアになった方も何人かおられます。

その秘密は「複利」にあります。

たとえば未だ低金利が続くなか、銀行預金を5万円ずつ積み立てても、1年で60万円にプラスして、スズメの涙ほどの利息です。これが複利の計算だと事情が違ってきます。複利とは利息や分配金を元本に加え、その利息分にも利息がつくことをいいます。

人それぞれに「向き・不向き」のスタイルがある

話はちょっと逸《そ》れますが、私は株式投資の情報発信を二つのサイトで行なっています。一つはだいたい月1ペースで、中長期の投資を想定していますが、もう一つは週刊（タイトルは「株・銘柄選びの極意『今週のイッパツ勝負』」）なので、数日の短期勝負を前提としています。

だいたい2〜3日で利益が確定するというコンセプトで、3％以上の利益が確定できなければ、私の中では「負け」としています。5％以上の利益を目標に、中にはほんの2〜3日で10％を超える利益を生み出すこともしばしば、しかし、当たるも八卦、当たらぬも八卦、利益を挙げられないケースもないわけではありません。

ところが、２０２３年9月から年末にかけては全戦全勝だったのです（ちなみにこれは、共同執筆者となっている「ミスターX」という元凄腕証券マンの功績です）。

これはたまたまですが、これをもとに毎週５％の利益を積み上げ、これを複利で計算してみました。

５万円を毎週投資して５％の利益を複利で１年間運用したとします。すると５万円の元金が、なんと66万９５６０円にもなるのです！ 1年で元金が13倍強！　これが複利計算の恐ろしいところであり、凄いところでもあるのです。

1億円を目標値とする理由とは

お亡くなりになったある株式評論家の方から、いろいろな話を伺いました。その中に以下の話があります。

著名な先生だから、

「何か儲けられる銘柄はありませんか」

と質問されることがよくあったそうです。先生はそのたびにこう返されていました。

「私はあなたのことをよく知りません。どれくらいの資産があって、どれくらいの余裕資金があるのか。どういった生活スタイルでどういった価値観をお持ちなのかもわかりません。そういった方にどういう銘柄をお薦めしたらいいか、私にはわかりません」

もっともな話です。

投資で資産を増やすにも、目的と目標が欲しいところです。ただ、お金を積み上げたいというのであれば、それは守銭奴かもしれません。いや、私はこれを否定するつもりはありません。お金を貯めることが自己実現の手段で、満足な人生を送ることができれば、それはそれでいいでしょう。

ただ、できればお金を無駄なく使い、楽しい人生を送るには、しっかりした目標、計画が欲しいところです。

本書で1億円としているのは仮の設定で、お読みになられた方がそれぞれご自身のライフスタイルに合わせて、2億円でも5000万円でも設定を変えていただければと思います。

インフレ時に株式投資は有利か

2024年、物価の上昇が続いています。本格的なインフレの時代が到来する予感もあります。一般的に、インフレの時代には株式投資は強いといわれています。インフレとなれば、多くの企業が業績を伸ばしがちだからです。

しかし、インフレになれば利上げが行なわれるのでは、という指摘もあるでしょう。利上げは株価にとってマイナスだからです。しかし、そのマイナスを埋め合わせてなお、株式投資は有利なのです。利上げが行なわれれば一時的に、株価にマイナスに働くこともあるでしょうが、株式市場はまた成長路線に戻るものです。

インフレのシグナルとして消費者物価指数がありますが、過去の消費者物価指数と日経平均のグラフを見てみると、驚くほど相似性があることに気がつくはずです（次ページの図）。

まさにインフレに入ろうとしているこの時、株式投資を本格的にスタートさせる良い機会かもしれません。

業種や企業によって、インフレに強い銘柄、インフレに弱い銘柄に分かれます。

インフレに強い銘柄といえば、資源関連株が真っ先に思いつきます。逆にインフレに弱い銘柄としては、金利上昇を前提に有利子負債が大きい企業といえるでしょうか。あるいは、原材料価格上昇分を価格転嫁しにくい、「電機」「人材派遣」といった企業もインフレに弱いかもしれません。

いずれにしろ、時代が変わろうとしているさなかでは銘柄も「勝ち組」と「負け組」とに分かれます。株式投資を行なうには銘柄選定がますます重要になってきます。

●消費者物価指数の推移

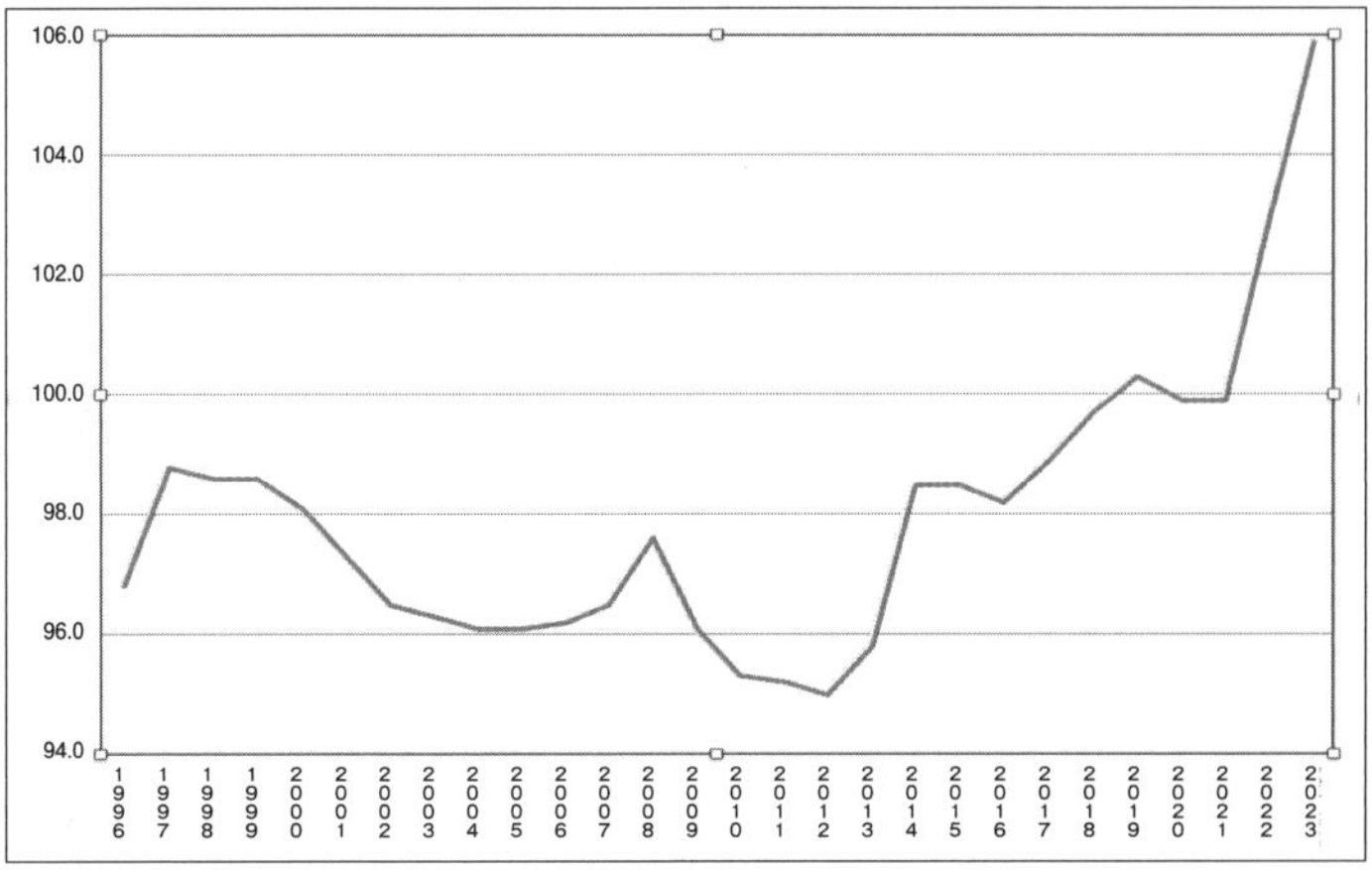

※総務省「消費者物価指数」をもとに、「生鮮食品を除く総合」の2020年度の値を100%として作成。

●日経平均の推移

出典：「株探」(https://kabutan.jp/)

コラム

本を読んだだけでは利益を挙げられない

私はこれまでにも株式投資に関する書籍を出してきました。そして知り合いなどから、「この本を読めば儲かるの?」と聞かれることが何度かありました。株式投資をまったくご存じない方ならではの質問だと思います。

そのたびに私はこう答えるようにしています。

「たとえば自動車運転免許を取得するのに、教本がありますよね、その教本を読んだだけでクルマが運転できるようになるわけないですよね。しっかり実地でクルマのハンドルを動かすなどのトレーニングが必要ですよね。株式投資も同じことです」

実際に株式投資をスタートさせ、試行錯誤しているうちに本に書いてあるノウハウを身につけられるのです。

数多くの投資家を取材してきました。中には大成功を収めて「億り人」になられた方も何人もおられます。その方々もはじめられた当初は失敗続きで、そこから猛勉強をされて成功をつかんでおられます。

第1章

企業研究から1億円を作る方法

1億円を作る王道は企業研究から

株式投資を行なうには、まずどの会社に投資するかをチョイスしなければなりません。しかし、一般の個人投資家がその株式を売買できる上場企業は、日本国内だけでも4000社近くにのぼります。

日本経済新聞（日経新聞）の株式欄を見てください。投資可能な企業名がすべて掲載されています。その数の多さに圧倒されるでしょう。その4000社の中からいきなり投資先をピックアップするのは難しいはずです。

株式投資関連の雑誌、情報誌やウェブサイトなどで「推奨株」「有望銘柄」と称して、よく具体的な企業名を紹介しています。これらの記事を参考にするのも悪くはありません。**ただ注意しなければならないのは、その記事を鵜呑《うの》みにして、企業のことを知らず機械的に買い注文を出してしまっては、失敗する確率が高くなるという点です。**あくまで「こういう企業があるんだ」という程度から入って、興味があるならその企業のことをよくチェックしていきます。

身近なところで探す

失敗しない銘柄の見つけ方として、普段から自らの「アンテナ」を敏感にして有望な投資先を見つけることです。有望な投資先とは、業績が良く、将来性がある企業ということです。

投資格言に、

「遠くのものは避けよ」「知っているものだけ買え」

というものがあります。これはいずれもなじみ深い企業、何かしら縁がある企業に投資しろ、ということです。

たとえば自分が愛用している商品を製造、あるいは販売している会社。自分の仕事や趣味などを通じてその業務をよく知っている会社などです。

毎日利用しているコンビニやスーパーなどで、新製品が出たら「売れるか、ヒット商品になるか」という目で見てみましょう。ヒット商品の予感があれば、その企業の業績に大いにプラスとなり、株価も上昇するというわけです。

あるいはよく利用している鉄道やバスなどの交通機関の企業。ほかにも趣味の世界に関する企業も狙い目でしょう。映画好きなら映画関連会社、ゲームが好きならゲーム関連会社といった具合です。

熟知している分野なら、いち早く「変化」に気づくことができます。有望な銘柄は、その変化がわかるからです。

自分だけの情報をいち早くつかむことができるため、日常生活の中で目にするさまざまな企業の活動に注目してください。そうすれば、決算の発表を待たずして、いち早く企業の変化やその業績の変化を察知することが可能になります。

そこから投資対象の候補となる企業をピックアップしていき、企業の活動や歴史、経営陣のプロフィールにも注目していくのです。

企業のホームページを見る

「この会社は有望じゃないか」と目星をつけたら、どんな会社かもっと詳しく調べましょう。

インターネットでその会社のホームページを覗いてみます。会社の理念から業務内容、そして沿革などもチェックしたいところです。ホームページはその会社の「顔」です。雰囲気だけでも重要な判断材料になります。

その中で重要なのが、業務内容や製品情報、財政状況、そして業績です。**業務や製品は、その企業の業績や将来性にかかわります。**そして業績は、企業が発表する決算短信でチェックできます。決算短信は年1回の本決算のほか3カ月に1回、四半期決算が発表されます。その都度、最新の経済状況や業績（実績・予想の両方）が発表されます。

軽視できない企業の沿革＆社長のコメント

ベテランの投資家でも割とスルーしてしまいがちなのが、「社長のあいさつ」と「沿革」です。

企業の顔である社長の人柄も、企業の将来性にかかわりますが、重要なのが「企業理念」です。世の中にどれだけ貢献し、人々の役に立つか、その決意を読み取りましょう。**社会的責任をしっかり果たそうとする姿勢は、いずれ企業の業績にも反映されます。**「自分たちさえ儲かればいい」という企業は、いずれ世間から見放されます。不祥事を起こして株価を大きく下げるような会社は、その社会的責任を果たそうという気概に欠けるものです。

もう一つ見逃してしまいがちなのが「沿革」。創業からどういった経緯で成長を遂げ、上場企業となって現在に至るか。これも見逃せないポイントです。創業から一貫して同じ業種の企業が多いなか、新興企業の中には上場時とまったく異なる業態になっている企業もあります。

たとえば、

「美容室の運営からはじめて、現在はゲーム会社」

「携帯電話の販売会社で上場して、現在は金融関連会社」

といったようなケースです。上場して潤沢な資金をゲットしたのち、その資金をもとにM&Aを繰り返した結果、そのようなことが起こります。

これは「諸刃の剣」で、M&Aを繰り返すうちに金脈を掘り当てて急成長するケースもあれば、経営が安定しないケースもあります。そのあたりの見極めが重要となります。

企業の財政状況も見ておく

財政状況についても目配りしておきます。「総資産」や「純資産」「自己資本比率」もチェック。自己資本比率は、総資産のうち自己資本が占める割合を示します。**数値が高いほど安定性が高く、自己資本比率が80％以上であれば「かなり安全」、20％以下なら「かなりリスクが高い」ということを示します。**

決算短信の１ページ目の決算サマリーを確認したら、「経営成績・財政状況に関する分析」というページで今後の経営方針や業績予想などを入念にチェックしましょう。

その会社の株を買って投資するからには以上のチェックを怠らないことです。

決算短信は会社の「通信簿」

会社の情報の中で、「企業の通信簿」ともいえる「決算短信」は特に重要なので、さらに深掘りして説明しておきます。

決算短信は、企業の決算内容が速報の形でまとめられている報告書です。決算日から最短で30日以内、遅くとも45日以内で一般に公開され、投資家たちが株の値動きを予想するために活用しています。企業のホームページで入手できる決算短信には、「通期決算短信」と「四半期決算短信」の2種類があります。

通期決算短信とは、事業年度末（企業にとっての1年間の終わり）に行なわれる決算の情報を速報でまとめたもので、年に1回発表されます。

四半期決算短信は、事業の年度始めから3カ月ごとに開示される投資家へ向けた事業の経過報告です。どちらも事業の状態が最も早く開示されるので、投資家から大きな注目を集めます。

日本企業で最も多い3月期決算企業でいうと、本決算（第4四半期）は4月から5

●決算短信の見本

sojitz
New way, New value

2024年3月期 決算短信〔IFRS〕（連結）

2024年5月1日

上場会社名　双日株式会社　　　　　　　　　　上場取引所　東
コード番号　2768　　URL　https://www.sojitz.com/
代表者　　　（役職名）代表取締役会長　　　　（氏名）藤本　昌義
問合せ先責任者（役職名）広報部長　　　　　　（氏名）富田　尚良　　（TEL）03-6871-3404
定時株主総会開催予定日　　2024年6月18日　　配当支払開始予定日　2024年6月19日
有価証券報告書提出予定日　2024年6月18日
決算補足説明資料作成の有無　：有
決算説明会開催の有無　　　　：有　（アナリスト・機関投資家向け）

（百万円未満切捨て）

1. 2024年3月期の連結業績（2023年4月1日～2024年3月31日）

(1) 連結経営成績　　（%表示は対前期増減率）

	収益		税引前利益		当期利益		親会社の所有者に帰属する当期利益		当期包括利益合計額	
	百万円	%	百万円	%	百万円	%	百万円	%	百万円	%
2024年3月期	2,414,649	△2.6	125,498	△19.1	103,060	△11.0	100,765	△9.4	173,283	18.8
2023年3月期	2,479,840	18.0	155,036	32.2	115,824	35.5	111,247	35.1	145,803	△1.9

	基本的１株当たり当期利益	希薄化後１株当たり当期利益	親会社所有者帰属持分当期利益率	資産合計税引前利益率
	円 銭	円 銭	%	%
2024年3月期	450.97	450.97	11.4	4.5
2023年3月期	481.94	－	14.2	5.8

（参考）持分法による投資損益　2024年3月期　43,615百万円　2023年3月期　27,282百万円
（注）「基本的1株当たり当期利益」及び「希薄化後1株当たり当期利益」は、「親会社の所有者に帰属する当期利益」を基に算定しております。

(2) 連結財政状態

	資産合計	資本合計	親会社の所有者に帰属する持分	親会社所有者帰属持分比率	1株当たり親会社所有者帰属持分
	百万円	百万円	百万円	%	円 銭
2024年3月期	2,886,873	955,627	924,076	32.0	4,238.81
2023年3月期	2,660,843	876,576	837,713	31.5	3,629.34

(3) 連結キャッシュ・フローの状況

	営業活動によるキャッシュ・フロー	投資活動によるキャッシュ・フロー	財務活動によるキャッシュ・フロー	現金及び現金同等物期末残高
	百万円	百万円	百万円	百万円
2024年3月期	112,187	12,429	△186,523	196,275
2023年3月期	171,639	29,157	△230,367	247,286

2. 配当の状況

	年間配当金					配当金総額（合計）	配当性向（連結）	親会社所有者帰属持分配当率（連結）
	第1四半期末	第2四半期末	第3四半期末	期末	合計			
	円 銭	円 銭	円 銭	円 銭	円 銭	百万円	%	%
2023年3月期	－	65.00	－	65.00	130.00	30,131	27.0	3.8
2024年3月期	－	65.00	－	70.00	135.00	29,761	29.9	3.4
2025年3月期（予想）	－	75.00	－	75.00	150.00		29.6	

（注1）直近に公表されている配当予想からの修正の有無　：無
（注2）当社は本日開催の取締役会において、剰余金の配当（2024年３月期期末配当案の定時株主総会付議及び2025年３月期中間配当）を行うことについて決議致しました。
詳細については、本日公表しました「剰余金の配当（2024年３月期期末配当案及び2025年３月期中間配当）に関するお知らせ」をご参照ください。

3. 2025年3月期の連結業績予想（2024年4月1日～2025年3月31日）

（%表示は、対前期増減率）

	親会社の所有者に帰属する当期利益		基本的１株当たり当期利益
	百万円	%	円 銭
通期	110,000	9.2	506.37

（注）「基本的１株当たり当期利益」は、「親会社の所有者に帰属する当期利益」を基に算定しております。

※出典：双日株式会社 公式ウェブサイト（https://www.sojitz.com/jp/ir/meetings/financial/）

月中旬頃までに発表されます。本決算の内容は、前年の4月からその年の3月までの1年間の事業の状況が記されています。

第1四半期決算短信は、前年の4月から6月までの経営状況が記され、8月の中旬までに公表されます。

第2四半期決算短信はというと、7月から9月までの経営状況……というわけではありません。第1四半期の4～6月までの分と合わせて4月から9月までの分がまとめて記されます。

決算短信の読み方

決算短信では、まずサマリー情報とし

●決算期が3月の企業における決算短信の発表時期

4月	5月	6月	7月	8月	9月	10月	11月	12月	1月	2月	3月
第1四半期			第2四半期			第3四半期			第4四半期		
通期決算短信の発表			第1四半期決算短信の発表			第2四半期決算短信の発表			第3四半期決算短信の発表		決算月

※四半期決算短信は、各四半期終了後、45日以内に発表するよう東証から指導されていますが、30日以内に発表するのが望ましいという東証の意向を受け、ほとんどの場合30日以内に発表されます。

て1ページ目に業績は財政状況、配当などの概要が記されています。

特に業績（経営成績）は要チェック。「売上高」「営業利益」以下、「経常利益」「当期純利益」を見ます。

それぞれが示す内容は、

①「売上高」……その期間中に企業活動を通じて入ってきたお金。会社の事業規模を示す。

②「営業利益」……「売上高」から販売費・一般管理費といった営業費用を差し引いた金額。一般に「本業の儲け」を示す。

③「経常利益」……「営業利益」に配当金や利息の受け取り、支払を加算。営業外の為替差益や差損も加算した数値。

④「当期純利益」……「経常利益」に不動産売却や有価証券売却などに伴う特別利益、特別損失を加算し、税金を引いた数値。

この中でとりわけ注目したいのが、「本業の儲け」を示す営業利益です。この営業利益の増減が株価に大きく影響を与えるからです。またよく見る視点として「前期」と「今期」、「今期」と「来期」（予想）の変化率です。株価は変化率に反応します。

つまり、先行きに業績が伸びるのであれば株価も上がり、業績が落ちれば株価にも悪影響を与えます。

業績の変化率で株価は大きく動く

決算短信には、「将来の業績予想」も記されています。

四半期決算短信では、その期の期末の「通期」業績予想、さらに本決算の短信では次期の「業績予想」（会社計画）も出ています。

次期（1年後）の通期決算短信でどのような発表になるか、企業自身が業績を予想した内容が記載されています。**この項目に、マイナスを意味する「△」がある場合、今期の業績より悪化する見通しであることを企業自身が予想していることになり、株価は下落する傾向にあります。**今期より大幅に数値が上昇している場合は好景気を見通していることになり、株価は上昇する傾向にあります。

経営成績と財政状況を合わせて、決算短信の特に注意して押さえておきたいポイントは次の4点にまとめられます。

四半期決算短信のチェックポイント

・連結経営成績の各数値を前期の数値と比較する
・自己資本比率の変化に注目する（次項の⑦で説明）
・配当の状況に注目する（配当に関しては44ページ参照）
・業績予想の変化に注目する

財政状況を知る

「経営成績」の下の欄には、「財政状態」が記されています。ここには「総資産」「純資産」「自己資本比率」「1株あたり純資産」が記されています。

⑤「総資産」……企業が保有している資産のすべて。「資本金」＋「負債」の合計。
⑥「純資産」……資産総額から負債総額を差し引いた額。
⑦「自己資本比率」……総資産（自己資本＋他人資本）に対する自己資本の割合。数値が高いほど企業の安定性が高い。自己資本比率が80％以上であれば「かなり安全」、20％以下なら「かなりリスクが高い」ということを示します。
⑧「1株あたり純資産」……純資産を発行済株式総数で割って求めた数値。財政状

況から企業の健全性が読み取れます。

倒産の予兆はここでチェックする

経営不振が続いている企業の場合、決算短信で「継続企業の前提に重要な疑義を抱かせる事象又は状況が存在する」というお知らせが発表されることがあります。**この発表は、早い話が「倒産する可能性がある」という、企業の経営サイドから投資家へ向けたお知らせです。**この発表を行なった企業の決算報告書には、「継続企業の前提に関する注記」という注意書きが併記されます。また、この発表は『会社四季報』(35ページ)の誌面で必ず取り上げます。「継続前提に疑義注記」という略称で表記され、投資家に向けて注意喚起を促します。

「継続企業の前提に重要な疑義を抱かせる事象又は状況が存在する」という発表が行なわれる場合、過去の決算短信で何らかの前兆が出ています。営業利益や純利益などのマイナスが常態化していたり、自己資本率が20%を切り、四半期ごとに自己資本率が目減りしていたりするような会社は、やがて「継続企業の前提に重要な疑義を抱かせる事象又は状況が存在する」という発表を行なう可能性が高くなります。

「継続前提に疑義注記」が表記される主な理由

・売上の減少
・営業キャッシュフローのマイナス
・著しい営業損失や経常損失など
・債務超過
・債務や借入金、負債の返済ができない
・社債などの償還ができない
・取引先から与信を拒絶されている
・ブランドイメージの崩壊
・その他

決算短信では、「当該事象又は状況を解消し、又は改善するための対応をしてもなお継続企業の前提に重要な不確実性が認められる」という発表が行なわれることもあります。**これは「継続企業の前提に重要な疑義を抱かせる事象又は状況が存在する企業が、状況を改善するための対策を行なったけれど、まだ安心できない」という意味の発表です。**

投資家であれば、どちらの発表も「手を出さないほうがいい」というシグナルとして捉えましょう。発表されればその時点で株価は暴落必至なので、事前に察知して早めに売り抜けることです。そのためにも、決算短信の営業利益などを入念にチェックするのはとても大切なことなのです。

なお、「継続企業の前提に関する注記」及び「継続前提に重要事象」は、決算短信1ページ目のサマリーでは表示されません。しかし表示がある場合は、決算短信の目次に必ず書かれているので確認してください。

有価証券報告書をチェックする

決算短信は速報性を重視しているため、ややコンパクトにまとめられる傾向にあります。決算短信は決算日から45日以内に開示するという原則があるからです。

この決算短信より内容を充実させた情報源が「有価証券報告書」です。**有価証券報告書は決算日から3カ月以内の開示とされているので、決算短信より内容が充実しています。**企業業績や財政状況は決算短信とほぼ同じですが、「企業の概況」「事業の状況」「設備の状況」といった内容は、決算短信にはあまり掲載されていない内容です。設備投資や研究開発活動といった企業の将来性にかかわる情報は、この有価証券報告書で確認します。

これも決算短信と同様に企業のホームページなどで閲覧できます。

投資家のバイブル『会社四季報』とは

上場企業に関するデータブックとしてお薦めしたいのが『会社四季報』（東洋経済新報社）です。株式投資のためのナンバーワン情報誌『会社四季報』には約4000社近くの全上場企業のデータが掲載され、ページ数も2000を超えています。**その充実した内容は、専門のアナリストたちが一目置くほどで、年に4回（3月、6月、9月、12月）訪れる『会社四季報』の発売日が株価に影響を与えることもあります。**

『会社四季報』の創刊は1936年で、2026年には創刊90周年を迎えます。その誌面には、膨大な情報を的確に読者へ伝えるための工夫が凝縮されています。全上場企業の情報がコンパクトにまとめられているので、企業のホームページをいちいち開かなくて済むという使い勝手の良さもあります。少しでも効率良く情報を収集できるよう、『会社四季報』の読み方をここでマスターしてください。

『会社四季報』の見方を理解しよう

『会社四季報』を読みこなす最初のステップは、まずどこに何が書かれているのかを理解することです。ここでは各欄に書かれている内容について解説していきます。

なお、実際の『会社四季報』には、読んで生じた疑問をすべて解決できる、「会社四季報の見方　使い方」という解説が12ページにわたって用意されています。初心者向けの「3分でわかる四季報の読み方」という項目も2ページほど用意されているので、本書の内容と併せて『会社四季報』の活用に役立ててください。

❶ 株価に関する指標

該当銘柄のPERとPBRが掲載されていますが、特に注目したいのは「予想PER」です。今期と来期の予想PERが掲載され、四半期ごとのPERが予想に対しどう変化するか比較することができ、買い時のタイミングが計れます（PERとPBRは株価の割高感、割安感の水準を示す指標。詳細は第4章で説明します）。

❷ 過去3年分の月足チャート

2本の移動平均線（12カ月と24カ月）が表示された月足チャートが3年強、計41カ月分掲載されています。棒グラフは月間の出来高、折れ線グラフは信用買い残と信用売り残で長期投資に役立ちます。

❸ 基本情報

社名のほか、事業内容、設立年、決算期など、株式会社の基本情報が掲載されています。よく知っているつもりだった企業が、意外な事業を展開していると気づかされるのもこの欄の特徴です。

❹ 業績記事・材料記事

『会社四季報』の本文となる欄で、見出しとともに縦書きで執筆されています。一つ目の見出しが業績記事、二つ目の見出しは材料記事と呼ばれ、業績記事では『会社四季報』の予想についての解説が、後半の材料記事では会社の成長力や経営課題などについて書かれています。後述しますが、「継続前提に疑義注記」と「継続前提に重要事象」の表記はこの欄の二つ目の見出しで紹介されます。

❺株主構成

当該株式会社の株を所有している、主要な株主が紹介されています。創業者一族や系列会社、自社持株会などの持ち株比率まで把握できます。下段には就任中の役員が紹介されています。

❻財務内容

重要な財務情報が凝縮して紹介されています。収益性がうかがえるROE、ROAなど財務指標の数値もこの欄で確認できます。注目したいのは「自己資本」「利益余剰金」「営業CF（キャッシュフロー）」の項目で、これらの数値のいずれかがマイナス（▲）だった場合、危険な財務状況であるといえます。

❼資本情報

株の増資や分割など、資本に関する情報が掲載されています。株式分配が行なわれた場合、1株あたりの価格は安くなりますが、売買が活性化して流動性が上がるため、結果的には株主にとって有利となるケースが多くあります。記載があった場合は注意が必要です。

❽業績データ

過去の業績と今後の業績予想が掲載されています。投資家が最も重視しているのは、「四」という欄に書かれた『会社四季報』のオリジナル来期予想と、「会」という欄に書かれた当該株式会社の発表している業績予想（計画）です。『会社四季報』の業績予想が会社側発表の予想を上回り、さらに会社側が発表していない来期の業績に関しても『会社四季報』が「増益」と予想していれば、かなり有望な銘柄といえるでしょう。決算短信などですでに業績予測をチェックした人も、『会社四季報』のオリジナル予測との比較は必見です。

❾業種

どのような業種で事業を展開しているかがわかります。なお、この分類は『会社四季報』独自の基準で分類・表示されています。

❿前号比較・会社予想比較

前号で紹介した営業利益が、今季ではどのように変化したかを簡略に紹介しています。前号比で大幅増額であれば↑↑、増額であれば↑、前号並み→、減額↓、大幅減額↓↓、といった具合に矢印の向きと数で変化の概要を把握できます。

また、会社予想の営業利益と『会社四季報』予想の営業利益が30％以上プラスに乖《かい》離《り》した場合は「笑顔マーク」が二つ、3％以上30％未満の乖離は「笑顔マーク」が一つ表示されます。30％以上のマイナス乖離なら「泣き顔」マークが二つ、3％以上30％未満のマイナス乖離なら「泣き顔」マークが一つ表示されます。営業利益の変化は投資家が最も注目している情報の一つであり、この情報がひと目で判別できる欄外の情報は極めて貴重、かつ重要です。

⓫本社住所、仕入先、販売先など

会社の所在地（本社・支社・営業所など）、主要子会社、従業員数、平均年収、主幹事証券会社、取引銀行、仕入先、販売先といった企業に関する主要なデータを網羅。前号との変化があったら注目したいところです。

●『会社四季報』の見方

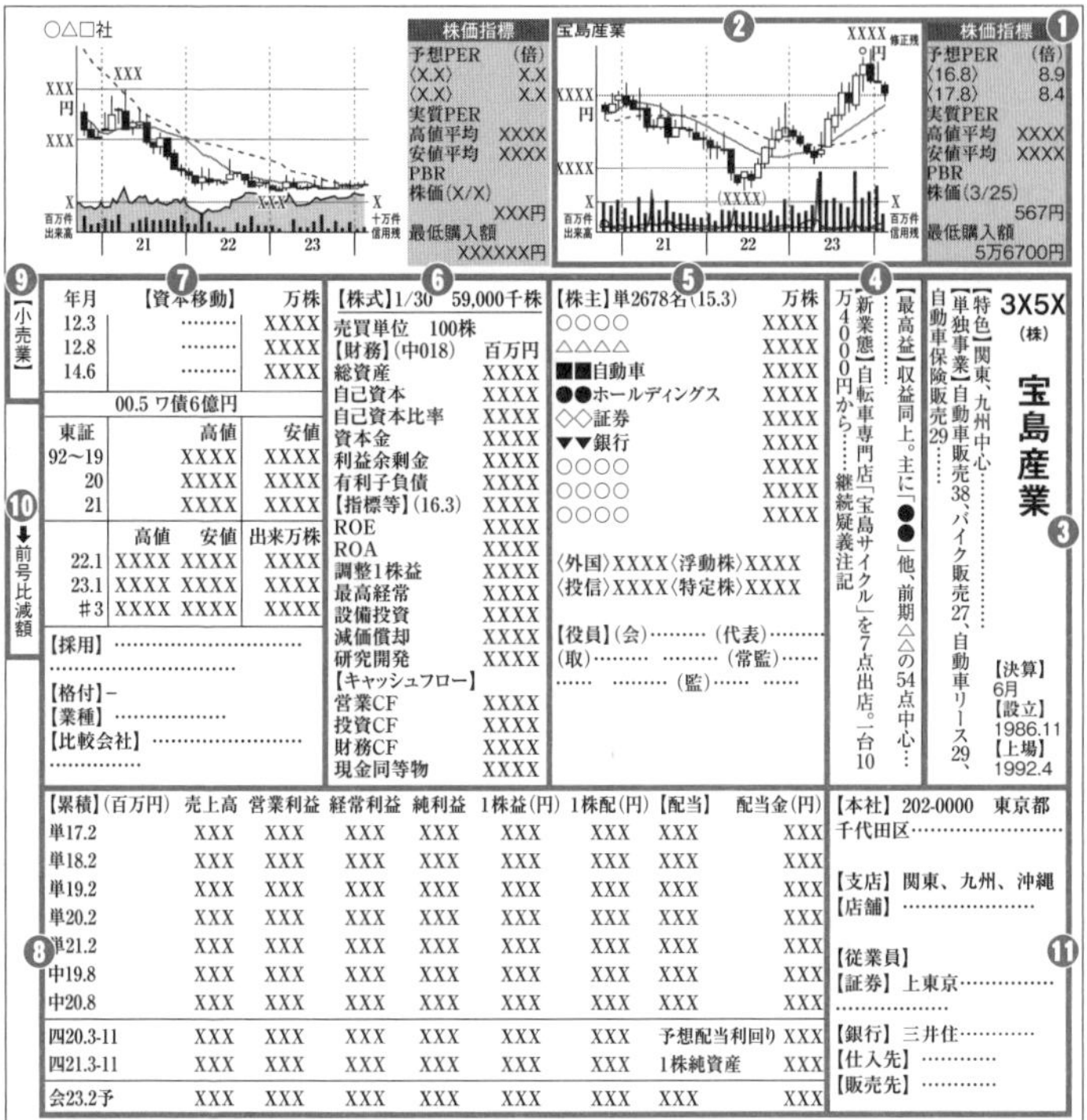

❶ 株価に関する指標
❷ 過去３年分の月足チャート
❸ 基本情報
❹ 業績記事・材料記事
❺ 株主構成
❻ 財務内容
❼ 資本情報
❽ 業績データ
❾ 業種
❿ 前号比較・会社予想比較
⓫ 本社住所、仕入先、販売先など

さらに1年先の業績予想

『会社四季報』の大きな特徴が、さらに1年先の業績予想まで掲載されている点です。本決算（3月期決算企業では5月に発表）で、次の決算で出される業績の予想数値が載っています。

この業績予想数値は、その企業が、経済の状況や会社の経営状態などから1年間で出される業績数値を発表するものです。いわば会社の計画・目標でもあります。

ところが『会社四季報』では記者が独自に取材を進め、経済の先行きを見ながらさらに翌年の業績予想まで出すのです。

会社の将来性などを見る際に参考になります。

注意するポイントは「前号との比較」と「前期との比較」

「継続前提に疑義注記」や「継続前提に重要事象」が表記されていなくても、経営状況が芳しくない会社は存在するので注意が必要です。こうした会社を見抜くには、❻の項目にある「自己資本」「利益余剰金」「営業ＣＦ（キャッシュフロー）」の項目に注意しましょう。どれか一つでも「▲」がついてマイナスになっていた場合、ＲＯＥ

はもちろん、ＰＥＲやＰＢＲも良好な数値にはなりません。また、❽の「会」の欄で「営業利益」が連続でマイナスになっている場合も購入を見送ることです。

『会社四季報』を使った株価分析のポイントは、実は決算短信を読み解く方法とそれほど変わりません。**「前号との比較」と「前期との比較」が重要で、比較した結果、どのように、どれだけ変化しているかをいち早く理解することが大切なのです。**決算短信や有価証券報告書の内容に加え、東洋経済記者の取材内容やコメントもあるので、決算短信よりも見やすく、情報も凝縮されています。

巻頭のランキング記事を銘柄選びに役立てよう

『会社四季報』では、「巻頭ランキング」というタイトルで、さまざまな切り口で捉えた有望な銘柄をランキング形式で紹介しています。ランキングの切り口は「営業増益率ランキング」「前号予想比増額率ランキング」「連続増益ランキング」「実質配当利回りランキング」など、号によっていろいろなランキングが紹介されています。このランキングで目についた銘柄から購入の検討をはじめてみることもお勧めします。

配当の増減をチェックする

　もう一つ見逃せないのが「配当」です。株主への利益配分である配当は、その増減で株価へも大きく影響します。**それまで配当がゼロ（無配）だったのが「配当開始」だったり、「復配」（再び配当がはじまること）などは、株価にはプラス材料です。**また配当金の増額（増配）も株価にはプラスです。

　その一方で配当が減らされたり（減配）、配当がなくなったり（無配転落）するのは株価にマイナスに作用します。

●神戸製鋼所（5406）の増配

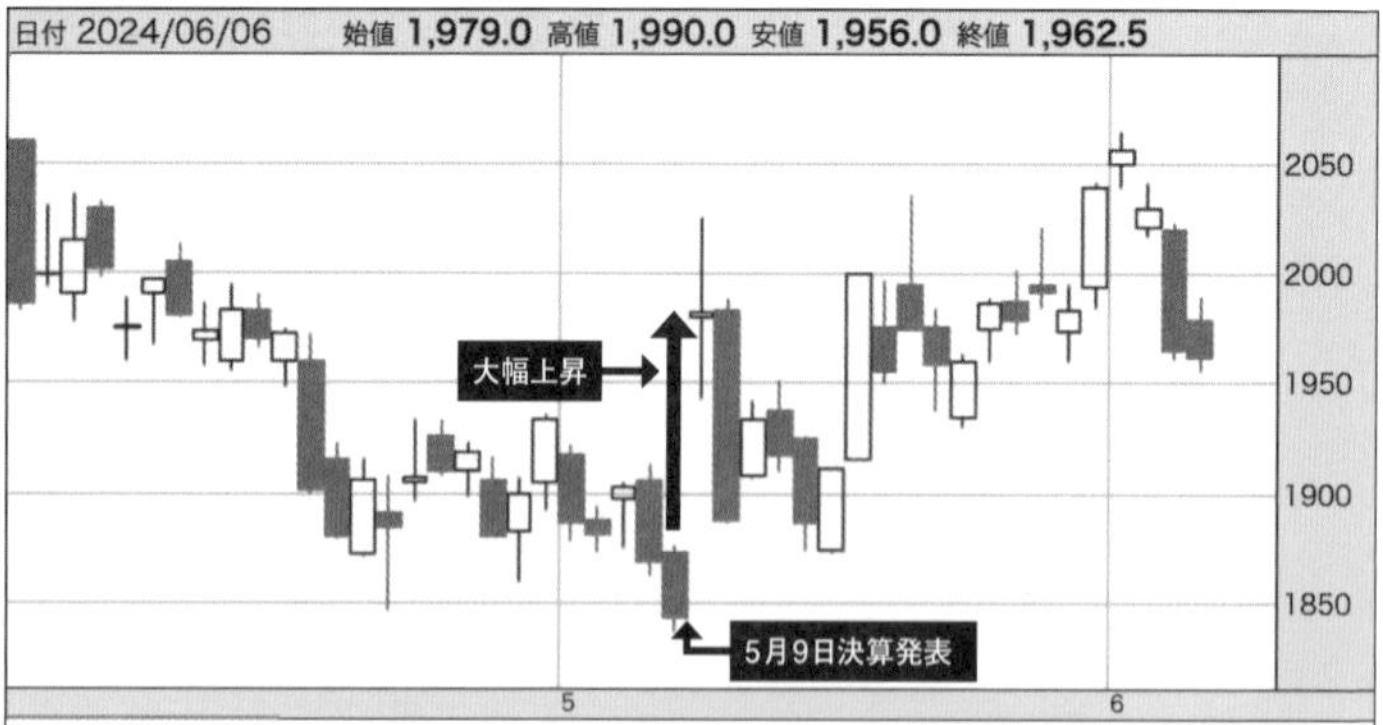

2025年5月9日、神戸製鋼所の決算発表があった。そこで今期の配当を年間40円から90円へ、来期の配当も90円（予想）とした。株価は減益予想だったが、上昇した。

出典：「株探」（https://kabutan.jp/）

決算短信では、次の決算期での株式配当がどうなるかについての計画（予想）が出ています。また『会社四季報』でも記述がなされています。

株主優待も株価に影響を与える

株式投資のオマケとしてついてくる「株主優待」も実は株価に影響を与えます。

企業は、長期で株を保有する「安定株主」を増やそうと株主還元に力を入れますが、株主優待もその株主還元の一策です。

株主還元の商品やサービスを現金に換算して、配当に加算して算出される利回りを特に「実質利回り」といいますが、この実質利回りで5％を優に超える銘柄も珍しくありません。そして、その株主優待欲しさに株を長期保有する投資家も多くいます。

たとえば映画会社であれば、その会社で制作、上映する鑑賞券といったように、その会社でなければ得られない株主優待もあるからです。

注意しなければいけないのが、株主優待が終了するケースもあることです。その時などは失望した株主から売りモノが出て株価が下がります。

利回り、実質利回りが良くても、株価が下がってしまって、けっきょく損失を出してしまうことだけは避けましょう。

利回り、実質利回りで気をつけたい点がもう一つ。**利回り、実質利回りの計算は、現在の株価（分母）から算出されますが、分子である配当、株主優待は過去の実績で、次にもらえる分は未定であるという事実です。**

現在の株価が業績悪化などで値下がりしていれば、算出される利回りは高くなります。

こんなことがありました。私がかつて所属していた月刊雑誌で、有望銘柄を紹介するページがありました。ある時、推奨されていた銘柄が、居酒屋チェーンを運営する会社でした。私もちょくちょく利用していた庶民的な居酒屋でしたが、推奨されていた時は、経営危機がささやかれていて、株価は「倒産価格」といわれる100円をはるかに下回っていました。

具体的な数字は覚えていません。

が、たとえば株価が50円だったとします。これに対し株主優待は、その居酒屋の優待券で現金に換算すると数千円。仮に5000円の優待券だったとすると、売買購入価格は50円×1000株（その当時の単元株は1000株だった）で、5万円。その購入価格で5000円の株主優待は利回り10％になります。

雑誌で推奨されていたのは、この実質利回りの良さからでしたが、その後、この居酒屋企業は倒産、株は紙くず同然となりました。居酒屋チェーン運営会社が倒産したのは、雑誌が店頭から消えてからのことだったはずですが、あの記事を読んで推奨銘柄を購入した投資家は間違いなく大損を被っています。

私にも似たようなケースがあります。

KeyHolder（4712）という銘柄があります。現在はSKE48、乃木坂46の物販やエンタメ、広告、映像制作の会社ですが、以前はアドアーズという企業名でゲームセンターの運営会社でした。私が何回かに分けて購入した時は、70円～200円といった株価水準でした。

そして、株主優待が1000株でリラクゼーションサロンのサービス（2万円相当）を受けられるという内容で、この優待制度がはじまった時は、優待の利回りだけで20％を優に超えていました。

調べてみると経営陣の一人（実質オーナー？）が、そのリラクゼーションサロンの経営者だったのです。私は「ああ、ある意味、このリラクゼーションサロンの宣伝、ファンを増やす目的もあるな」と思い、いつかこの優待サービスは廃止されるかもしれない、と直感しました。

とはいえ、2万円相当のサロンチケットは魅力的でした。たとえば、これが同じ額の食事券とかだったら、さほどうれしくなかったかもしれません。

リラクゼーションサロンなど、少なくとも2万円の価格だったら自分のお金を出してまでは行かない。タダ券だからこそ行ける。そんな気持ちでした。

「自分のお金を出してまでは欲しくないが、タダでもらえたらうれしい」

そんな商品こそ私には重宝する。そのため、株価に関係なく、ホールドしてリラクゼーションサロンにも家族を含めて10回以上は行きました。

その後、経済の専門家ではない文化人で株式投資を、「株主優待」という切り口で情報発信した人が、このアドアーズを推奨していました。ところがその直後、アドアーズの優待は廃止されたのです。

失望売りでアドアーズの株価は下落。かろうじてプラスを維持していた私の持株は含み損を抱えることになったのです。

その後、塩漬けして何とかプラスで売り抜けることができましたが……。

株主優待に関しては決算短信に掲載されることはなく、会社からのリリースをチェックするしかありません。また、株主優待の全紹介は、『会社四季報』の巻末か、証券会社などのホームページなどに掲載されています。

配当も一つのオマケとして考えているのであれば、注意しなければならない点があります。優待利回りにつられて買ってみたはいいものの、その優待が使えないケースです。たとえば飲食店の優待なら、近くに店舗がない可能性があるため、利用できるかも要チェックです。

●魅力的な株主優待の一例

ニッスイ	500株以上	3000円相当自社商品
伊藤園	100株以上	1500円相当自社製品
東宝	100株以上	映画観賞券
吉野家ホールディングス	100株以上	飲食券
日本航空	100株以上	株主割引券
コジマ	100株以上	買物優待券
ワタミ	100株以上	優待券

コラム

入力ミスで損害を被らないように

今の時代、株式の売買注文はほとんどがネットで行なわれます。まだ「対面取引」が主だった頃は電話でのやりとりで注文を行なっていました。その際、銘柄名の間違いなどでトラブルが起こったりしていました。

ただネットでもコード番号や株数、買いと売りとの間違いがないわけではありません。**多くは「異常注文」ということで受けつけられないのですが、たまに注文が通ることがあります。**その場合、損を被りかねないので、注文の際は間違いがないか細心の注意を払いましょう。

2005年、証券会社からの誤発注で社会的混乱が起こった事件があります。

みずほ証券の25歳の営業マンが、新規上場したばかりのジェイコム（現ライク）株を「61万円1株売り」とするところを「1円61万株売り」と入力してしまったのです。証券会社営業マンのミスもありましたが、東証のシステムにも問題がありました。そして市場は大混乱。

結果として、みずほ証券の損害は407億円にものぼったといいます。

第2章

世の中を定点観測して1億円を作る

1億円を作るには世の中をつぶさに見るのが最短ルート

第1章で、株価がこれから上がる銘柄を発掘するには、世の中の動きをチェックするべきと説明しました。これは別の言い方をすると、世の中の動きによって株価は左右されるということです。

スーパーやコンビニで売れ筋の商品をチェックすれば、その会社が投資先の候補であることはすでに説明しました。

ここではもっと大きな視野で、世の中の流行やトレンドを見る重要性を説明します。時代によって人々に求められるニーズは変わってきます。

少子高齢化の時代ともなれば、高齢者向け商品や介護用品のニーズが高まります。円安でインバウンド需要が高まっています。観光関連企業や空運・鉄道会社、ホテルといった宿泊事業など。

環境問題がクローズアップされれば、脱炭素関連企業やクリーンエネルギー関連企業。震災が多発すれば防災関連商品がクローズアップされます。

このように、身近なところで「社会の変化」を読み取ることにより、株式市場に埋もれている「お宝」を発掘することができるのです。

そして、それはすなわち、株価の動きにダイレクトに影響を与えるのは、経済状況ということになります。

為替と株価の関係を知っておく

日本の通貨である円を海外の通貨と交換する際に注目される為替《かわせ》相場は、株式市場と切っても切れない関係にあります。投資家だけではなく、経営者からも大きな注目を集める為替相場が、株価に与える影響を知っておきましょう。

為替の変動によって通貨の交換レートに変動が起こるたび、株の値動きにも大きな影響を与えるからです。その影響は日本国内の銘柄だけではなく、海外の銘柄にも及びます。

株取引に為替の情報を役立てる場合、為替の何が株価に影響を及ぼすのかをはっきりと知っておく必要があります。この章で、株取引に必要となる為替の知識を確実にマスターしてください。

為替とは本来、現金を使わずに決済を行なう方法の総称ですが、現在、一般的に使われている為替という言葉は、外国為替を指すケースが圧倒的に多くなりました。

外国為替とは、異なる通貨同士で決済を行なう方法のことで、異なる通貨同士の交換レートのことを「外国為替相場」といいます。日本の経済ニュースで「為替の動き」といえば、日本ではアメリカのドル（米ドル）と日本円の交換レートである「米ドル／円」相場についての情報がほとんどであり、株取引に必要な為替の知識も、具体的には「米ドル／円」の値動きについてということになります。

海外旅行に出かける場合などは、日本の円と海外通貨との交換レートが気になる場面に遭遇します。たとえば、これからアメリカに出発する際、アメリカの通貨である米ドルと円を交換しますが、この時、1ドルの価格が安ければ安いほどお得に感じられますね。1米ドルが100円であれば、1万円札を100ドルと交換できますが、

1米ドルが90円であれば、約110ドルと交換してもらえます。約10ドルもお得です（手数料を除く）。

アメリカから帰国する際、余った米ドルは日本では使えませんから、円と交換する必要があります。この場合は出国時とは反対に、1ドルの価格が高ければ高いほど、多くの円と交換することができます。1米ドルが100円の場合は100ドル札を1万円札と交換できますが、90円の場合は9000円にしかなりません。

要するに、為替の変動が原因で、通貨を両替するだけで利益や損失が生じているのです。

このため、為替の変動は株式会社の利益や損失に直接影響を与える重要なファクターとなります。特に輸出入が事業に大きくかかわっている企業は、1円にも満たない10銭という為替の動きで、数百万円もの利益や損失が出ることもあるのです。

日本の株式市場にとって「円安」が好ましい理由

日本の株式市場では、円安は株高の材料とされています。実際に円安となれば株価も上がり、反対に円高になればメディアなどでも円高の悪影響を懸念する報道が行なわれますね。

なぜ、円安が株価に好影響を与えるのか？　それは、上場企業の中に円安メリットを受ける企業が多いからです。特に日経平均を構成する225銘柄の中には、自動車やハイテクなど円安が有利に働く銘柄が多く、これらの銘柄が円安で買われれば、それにつられて日経平均も上昇し、株式市場全体が活気づきます。

上場企業の中には円安でメリットを受ける企業が多いため、株価は円安に大きく反応します。 さらに、こうした上場企業は社会への影響力が強く、取引のある関連企業や下請け、孫請け企業にまでそのメリットが波及します。やはり、円安によって日本の経済が受けるメリットは大きいといえるでしょう。

輸出によって利益を得ている企業の場合、輸出に依存する度合いが大きければ大きいほど円高が不利益となります。 日本を代表する輸出産業の一つとして自動車産業が挙げられますが、その業界トップをひた走るトヨタ自動車（7203）の株価と米ドル／円相場の推移を比較すると、円高が企業に与えるダメージを、株価の推移から明確に理解することができます。

●為替のチャート

出典：「株探」(https://kabutan.jp/)

●トヨタ自動車（7203）

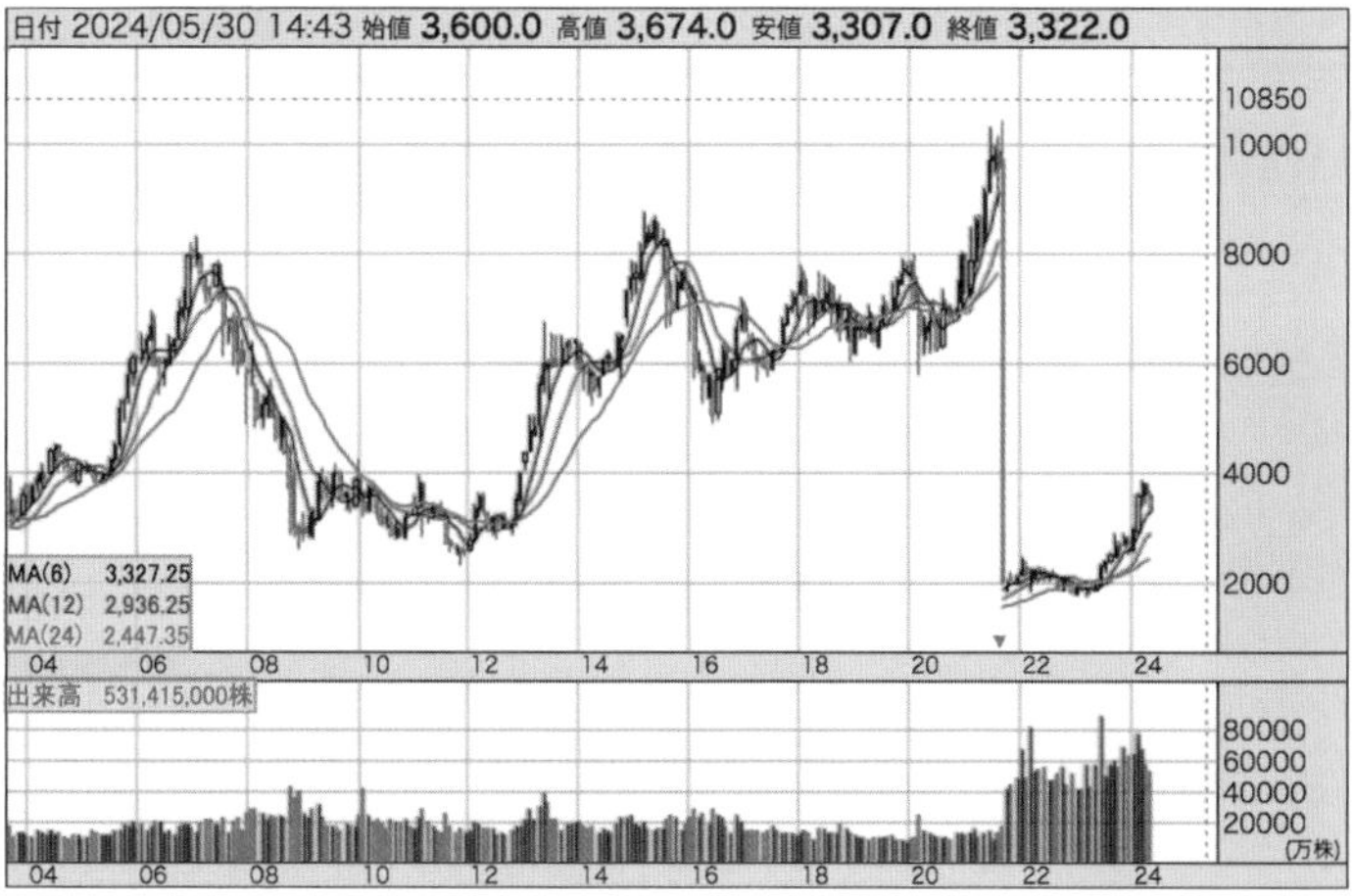

出典：「株探」(https://kabutan.jp/)

そこで、米ドル／円相場の動きとトヨタ自動車の株価の動きを並べてみました（57ページ）。

２０１４年末に第三次安倍晋三内閣が誕生。そして安倍内閣の経済政策、いわゆるアベノミクスで円安が誘導されます。その後、トヨタ自動車の株価も上昇していきますが、為替とトヨタ自動車の動きに大きな類似性があることがひと目でわかります。

ここでは、日本を代表する輸出企業であるトヨタ自動車を例に、為替と株価の関係を解説しましたが、トヨタ自動車だけではなく、輸出関連企業であれば必ず何らかの形で円高の影響を受けます。銘

●円高が不利になる業種と銘柄

自動車	トヨタ自動車、日産自動車、ほか
機械・電機	宮越ホールディングス、マキタ、ほか
海運	日本郵船、共栄タンカー、ほか
精密機器	ニコン、島精機製作所、コニカミノルタ、ほか

柄選びの段階から、為替の影響を受けやすいかどうかについて入念なチェックが必要です。

円高がメリットとなる銘柄とは？

円高が不利になる企業があるように、円高が有利になる企業もあります。ガス会社や電力会社などはその筆頭で、円高で原材料の調達コストが下がるほど利益が増えます。おまけに、円高で景気が悪化してもガスや電気は必ず需要があるため、まさに円高が追い風になる銘柄といえます。

服飾や輸入雑貨など、商品のほとんど

●円高が有利になる業種と銘柄

電力・ガス	東京電力ホールディングス、 東京ガス、ほか
食品	日清製粉グループ本社、中部飼料、ほか
パルプ・紙	中越パルプ工業、レンゴー、 王子ホールディングス、ほか
石油・石炭	RSエナジー、出光興産、ほか

を海外から調達している企業にとっても円高は強力な追い風です。そのほか、大豆や小麦、トウモロコシなどの食品を扱う企業、パルプや木材などを輸入している製紙業なども円高はメリットになります。

ただし、円高で原材料の調達コストが下がっても、円高による景気の冷え込みで消費が落ち込めば、円高のメリットが相殺されてしまうこともあるので注意が必要です。

為替の影響を受けにくい銘柄

為替の影響そのものを受けにくい銘柄もあります。**「内需関連株」と呼ばれる銘柄で、建設大手、鉄道、通信などが該当します。**景気の好不況にも左右されにくい銘柄として人気があり、極端な円高局面では、緊急避難的に買い注文が増えることもあります。

適正な円相場を認識しておこう

円高と円安が、株価を予測するうえで重要なファクターであると理解できると、いくら以上が円高で、いくら以下が円安なのか、はっきりとした目安が知りたくなりますね？　しかし、「1米ドルが○円になったら円高であり、日本株は軒並み下がる」

●為替の影響を受けにくい業種と銘柄

建設	大成建設、鹿島、大林組、清水建設、ほか
鉄道	東武鉄道、小田急電鉄、京浜急行電鉄、ほか
通信	NTTドコモ、光通信、 日本テレビホールディングス、ほか
陸運	セイノーホールディングス、 トナミホールディングス、 NIPPON EXPRESSホールディングス、ほか

といった明確な基準価格はないのです。

ただし、過去の為替と株価の関係から、おおよその目安を計ることはできます。

過去の為替相場と経済の状態を見比べ続けることで、現時点での円相場はどのくらいが適正なのか、おおよその判断がつくようになります。２０２４年に入って２月中旬に１米ドル＝１５０円を突破。原稿執筆時（２０２４年５月末）の米ドル／円相場は、１ドル＝１５５円となっています。

とはいえ、米国の利下げ、日本の利上げが視野に入っているなか、いつ日本円が反転上昇に向かってもおかしくはありません。

為替の影響を考えて株取引を行なう場合、過去の円高や円安の状況から、現在の為替相場が株価にどんな影響を与えるか、自分なりの判断基準を持っておくことが大切です。そのためにも、為替相場の動きは常にチェックしましょう。日経平均やNYダウとセットでチェックし、どんな影響を株価に与えているか、日常的に体感し続けることが大切です。

金利が株価に与える影響

金利とは何かを知っておく

お金を借りた時、借り入れた金額に加えて利息を支払わなければなりません。この利息の割合を年率に換算したものが金利となります。日本では中央銀行である日本銀行が金利（公定歩合＝民間金融機関に貸し出しを行なう際に適用される基準金利）をコントロールしています。

金利には公定歩合のほかにも長期債金利、長期プライムレート、コールレート、CD（譲渡性預金）金利などがあります。

金利が下がると株価は上がりやすくなるが……

金利は景気と密接な関係にあります。

景気が悪くなれば消費が落ち込み、企業も生産量を増やせません。そのため、設備投資をしようという意欲が薄れます。その結果、資金に対する需要が減り、金利が下がります。金融政策担当者も、設備投資をしやすくするように貸出金利を引き下げようとします。市中に出回るお金を増やそうとするわけです。

また、金利が下がれば預貯金に対する魅力が低下し、株式市場に流れる資金が増えるようになります。金利低下の時＝不景気の時であれば、だいたいにおいて株価は低迷しています。

すると、どういうことが起こるのでしょうか。

企業が利益の一部を株主に還元する配当利回りが上昇するのです。もちろん、企業の業績が悪くなれば配当も減額されることは十分想定できますが、配当は株価ほど上げ下げの振幅が大きくないものです。銀行預金の魅力が薄くなるにつれ、投資家の株式投資に対する興味が深まるのです。

金利が下がり、市中にお金が多く出回るようになると、徐々に景気は上向きます。

景気に過熱感が出てくると今度はインフレの懸念が台頭します。市中に出回るお金の量を減らして物価の上昇を抑えようと、今度は金利を引き上げます。市中に出回るお金が減り消費も落ち込み、景気にもマイナスに作用します。結果として株価は下落しやすくなります。

市中に回る資金が細れば、企業は高金利の資金を借り入れるより、余剰資金で株式投資に向けていた部分を控えて運転資金に回したりするわけです。

金利と為替の関係

金利と為替にも密接な関係があります。**金利が上がれば、その高金利に魅かれて海外から資金が流入します。結果として通貨が高くなります。**円高になれば、その影響で特に輸出型産業の企業は業績が悪くなり、株価にも悪影響が出ます。

金利が下がれば国内の資金はより高い金利を求めて海外に流出します。通貨安、すなわち円安となり株価には好影響を与えることになります。

金利上昇で痛手を被る企業

金利上昇がさらに企業に悪影響を及ぼすケースもあります。借入金が多い企業は支払利息が増え、企業業績にマイナスに響きます。決算短信や『会社四季報』などで借入金の多い企業をチェックしておくといいでしょう。逆に金利上昇となれば、無借金経営の企業が脚光を浴びることになります。

ちなみに「借金」（ネットキャッシュのマイナス額が大きい＝現預金から短期保有の有価証券の合計額から有利子負債を差し引いた時のマイナス額が大きい）が多い上場企業を挙げると、上位にソフトバンクグループ（９９８４）や東京電力ホールディングス（９５０１）、三菱商事（８０５８）など日本を代表する有名企業が名を連ねます。

必ずしも法則通りには動かない

景気が良くなれば株高になり、不景気になれば株安になる――。これは基本ですが、実際には景気のピークと株価のピークには若干のズレがあるケースが多いようです。

株式市場には先見性があり、数カ月後を予見しながら動くので、景気のピークより一足先に株価がピークアウトしやすいのです。

では、金利と株価の関係は――。

日本は2024年現在、史上まれに見る「ゼロ金利」が続いています。この歴史的な低金利時代なのに、銀行では信用金庫などの預金残高が過去最高の1000兆円を超えました。しかし、それだけの資金を国民が所有しているにもかかわらず、株式市場に十分に向かっているとはいえません。

株価は複雑な要素がいくつも重なり合っているので「公式」通りには動かないケースも出てきます。それでもトータルで見ると「公式」通りに動くことが多いので、覚えておきましょう。

日本の経済指標をチェックしよう

日本経済の動向は、株価にいろいろな影響を与えていますが、具体的にどんな動向が影響を与えているのかご存じですか？　特定の経済の状況がひと目でわかってしまう「経済指標」をチェックできれば、経済の動向が株価に与える影響をばっちりと把

握できます！

経済指標とは、各国の公的機関やそれに準ずる団体が定期的に発表する、経済の状態などを数値化した情報のことです。経済指標が発表されるたびにチェックすれば、時間の経過とともに特定の経済がどのように変化しているのかがわかります。ここでは、日本国内で重要視されている経済指標について紹介していきます。

指標の発表内容は「サプライズ」であるほど影響が大きい！

経済指標の発表内容は、アナリストやエコノミストなど多くの専門家が事前に予想をしています。メディアなどでもその予想は披露され、予想に従って売買が行なわれます。その結果、実際に指標が発表されても株価がほとんど反応しないということがよくあります。

反対に、発表の内容が専門家の予想とは異なっていた場合、株価は動きます。**予想と内容のズレが大きいほど株価の動きも大きくなるのです。**

たとえば、日銀の金融政策決定会合の発表内容が「金利は上げない」であると誰もが考えていたのに、実際の発表が「金利を上げる」だった場合、株も為替もとんでもない値幅で動くことは確実です。

予想を裏切ったサプライズ発表による値動きは非常に激しく、テクニカル指標では値動きを読むことが難しくなります。**短期取引の初心者は、重要指標の発表日には取引を控えたほうが無難です。**

まずは事前の予想を仕入れよう

発表された経済指標の内容が、メディアやアナリストたちが予想した内容とは異なった場合、株価は大きく動きます。そこで、証券会社の配信情報やインターネット上の経済ニュースなどで、事前予想を確認することが大切です。**事前予想を知ったうえで指標の発表をチェックし、その結果どう動いたかを確認してください。**この作業をセットで繰り返すことで、指標の発表に対する市場の反応が理解できるようになります。

以上の点を踏まえたうえで、株式市場に影響を与える経済指標を紹介します。

日銀短観（全国企業短期経済観測調査）

日本の経済動向を知るうえで最も注目されている指標が、日本銀行（日銀）が発表している「日銀短観《にちぎんたんかん》」と呼ばれる経済指標です。正式には「全国企業短期経済観測調査」といいますが、メディアでの呼称は日銀短観ですっかり定着しています。

日銀短観は、経済の現場からの生の声をもとに作成した指標です。**国内の企業にアンケートを行ない、その結果を集計して発表するため信用度も高く、国内の経済指標の中では最も経済に影響を与える指標として認識されています。**

日銀短観のアンケートは、国内の主要企業（９０００社以上）の経営者を対象に行なわれ、その内容は「判断調査」と「計数調査」に分けられます。判断調査は生産、売上、在庫、設備投資、収益、雇用、企業金融に関する項目があり、それぞれに⑴良い、⑵さほど良くない、⑶悪い　という三つの選択肢の中から経営者が選んで回答します。

計数調査は、売上高、雇用者数、預金額、借入額に関する数値が「計画値」と「実績値」に分かれ、それぞれに、⑴良い、⑵さほど良くない、⑶悪い　という三つの選択肢があり、この中から経営者が回答を選択します。

アンケートを集計した結果は、日銀短観として発表されるのはもちろんですが、金利を決定する「金融政策決定会合」でも重要な参考資料として用いられます。そのため、日銀が現在取り組んでいる金融量的緩和政策の行く末を占う指標としても、ますます注目度が高まっています。

金融政策決定会合

「金融政策決定会合」は、日銀の金融政策を決定する重要な会合で、日本の長期金利と短期金利に関する施策が発表される重要な経済指標です。9名の政策委員による多数決で議決が採られ、その内容

●日銀短観（全国企業短期経済観測調査）

発表日	4月初旬、7月初旬、10月初旬、12月中旬
発表時間	08：50（予定）
発表機関	日本銀行
URL	https://www.boj.or.jp/statistics/tk/index.htm
株価への影響	★★★★★

は日銀のホームページで発表されます。日本国内では非常に注目度の高い経済指標であるため、マスコミにも大きく取り上げられることが多く、国内の株価に大きな影響を与えます。

日銀は短期金利、長期金利ともに「ゼロ金利」とも呼ばれる超低金利政策を継続してきましたが、金利の誘導に変わる金融政策である「量的金融緩和政策」もこの会合で内容が決定されるため、株の長期取引を行なう場合は目が離せない指標といえます。開催は年8回で、それ以外にも不定期に開催されることがありますが、開催日は日銀のホームページなどで確認できます。

●金融政策決定会合

発表日	年8回（臨時開催あり）
発表時間	最終日の会議終了後の会見 （一般的に12時前後）
発表機関	日本銀行
URL	https://www.boj.or.jp/mopo/mpmsche_minu/index.htm
株価への影響	★★★★★

四半期別GDP速報

景気の良し悪しを分析する時に欠かせないのが「経済成長率」という指標ですが、これは国内総生産（GDP）の伸び率を表す指標であり、実際には内閣府が発表している「四半期別GDP速報」で確認できます。

GDPとは、国内で1年間に新しく作り出された生産物やサービスの金額の総和を指します。日本企業が海外の拠点で生産した製品などは含まれず、国内における純粋な生産性が数値化されています。

経済成長率とは国内の生産性、すなわちGDPが増えているかどうかの指標ですので、発表された数値が大きければ好景

●四半期別GDP速報

発表日	四半期（年4回）
発表時間	08：50（予定）
発表機関	内閣府
URL	https://www.esri.cao.go.jp/jp/sna/sokuhou/sokuhou_top.html
株価への影響	★★★★☆

気と判断でき、数値が小さければ景気減退と判断できます。

経済成長率は内閣府から四半期ごとに発表されますが、前年同期との対比や、前四半期との比較も重要なチェックポイントです。

機械受注統計

「機械受注統計」とは、機械メーカーが受注した設備投資用機器の受注額を集計した経済指標です。この指標は、景気の先行きを判断する際、非常に重要となります。

企業が増産に踏み切る場合、生産のための機械を導入して設備投資を行なう必

●機械受注統計

発表日	毎月中旬（予定）
発表時間	08：50（予定）
発表機関	内閣府
URL	https://www.esri.cao.go.jp/jp/stat/juchu/menu_juchu.html
株価への影響	★★★☆☆

要がありますが、生産のための機械が完成するのは半年後から9カ月後であり、そこから納品され、その後ようやく増産がはじまります。

つまり、機械受注統計の発表で受注額が多かったということは、多くの企業が半年後以降を見据えて設備投資を行なっているということになります。半年から9カ月後の市場は景気が良く、商品を大量に売る勝算がある、という企業の思惑が読み取れるのです。

機械受注が好調であれば、設備投資関連の銘柄以外に、製造業全体に好影響を与えます。結果として、それが株式市場に好影響をもたらすのです。

鉱工業生産指数

日本国内の鉱業と製造業（一部）が生産している当月分の鉱工業製品の生産量を経済産業省が翌月末に指標として「鉱工業生産指数」を発表しています。直近の基準年（西暦の末尾が0か5の年）の平均値を100とし、平均値と比較した数値を%で表示しています。

鉱工業生産指数には生産、出荷、在庫、在庫率がありますが、注目度が高いのは在庫の数値です。在庫が積み上がれば製品が売れず、消費が落ち込んでいるという推測が可能になるからです。

鉱業、製造業の生産はGDPに占める割合が大きいうえに速報性があるため、直近の景気が良いのか悪いのか、動向をうかがう際に重要視されます。

完全失業率（労働力調査）

労働力人口に占める完全失業者の割合を「完全失業率」といい、景気対策の結果を反映する遅行指標の「労働力調査」の一つとして注目されています。また、最近では完全失業率とともに発表される「有効求人倍率」も、景気対策の結果を

●鉱工業生産指数

発表日	毎月下旬（速報）
発表時間	08：50（予定）
発表機関	経済産業省
URL	https://www.meti.go.jp/statistics/tyo/iip/index.html
株価への影響	★★★☆☆

表す指標として注目が集まるようになりました。

指標カレンダーを参考にしよう

各指標の発表内容については、口座を開設した証券会社から独自の分析などが送られてきますので、チェックしてみましょう。また、証券会社のホームページや経済ニュースを扱うウェブサイトなどでは、各指標の結果を速報しているところもあるので活用してみましょう。

インターネット上には、「経済指標カレンダー」と呼ばれる、経済指標の公開日程を専門的にまとめたウェブサイトがたくさんあります。発表日や発表時間、

●完全失業率（労働力調査）

発表日	毎月末（予定）
発表時間	08：30（予定）
発表機関	総務省統計局
URL	https://www.stat.go.jp/data/roudou/sokuhou/tsuki/index.html
株価への影響	★★★☆☆

事前の予想まで扱っているので、これらの情報を活用して株価の変動に備えましょう。

国内の経済指標は為替には影響しない？

株価に大きな影響を与える国内の経済指標を紹介してきましたが、これらの指標は、意外なほど為替には影響を与えません。日銀の金融政策決定会合で金利の変動が発表されたりすれば、さすがに為替も動きますが、一般的にＦＸのトレーダーは日本国内の経済指標をそれほど重視していないのです。せいぜい、日銀短観の発表で米ドル／円相場がわずかに動くくらいで、そのほかの指標は為替に影響しにくいのが現状の経済状況といえます。

ただし、次ページから紹介するアメリカの経済は、株価にも為替にも非常に大きな影響を与えます。アメリカの株式市場も、米ドル／円相場も、日本の株式市場に大きな影響を与えますので、国内の指標以上に注意が必要です。

世界の動きにも注目しよう

ニューヨーク市場に連動して動く

今やグローバリズムの世界です。経済や株式市場もその例外ではありません。世界の国々が政治や経済で強く結びついている関係で、株式市場も世界と強くつながっています。とりわけ世界経済の中心であるアメリカの影響は、かなり大きいものがあります。

特に、ニューヨーク市場の株式（NYダウ）は、日本の株式市場にも大きな影響力を持ちます。

ニューヨーク市場が開くのは、日本時間の23時半から翌朝6時の間。ニューヨーク市場が閉まったあとの東京市場の寄りつきは、ニューヨーク市場の動向に左右される傾向が強まっています。

中でもアメリカとの結びつきが強い産業——ハイテク産業や自動車メーカーなどの輸出関連産業は連動して動きやすくなっています。

テレビのニュースでもニューヨーク市場の動きを伝えるのはそのためです。株式投資の中でも、とりわけ輸出関連産業に投資したい時はニューヨーク市場の動きから目が離せません。

外国の政情も日本株に影響を与える

海外の株式市場だけでなく、政情も日本の株式市場に影響を与えます。

過去の例を挙げると——

１９５３年　スターリン暴落

旧ソビエト連邦・スターリン中央委員会書記長の死去がきっかけでした。株式市場が暴落しました。

１９６３年　ケネディショック

アメリカ・ケネディ大統領がドル防衛策を打ち出し、外国人買いがストップするのではと懸念されました。この時も日本の株式市場は下落。

１９７１年　ニクソンショック

アメリカ・ニクソン大領領の新経済政策の発表がきっかけで、株式市場が暴落しました。

もっと新しい事例を挙げると、

2016年　イギリスのEU離脱問題

イギリスの国民投票でEU離脱が決定し、急激な円高とそれに伴う日経平均の大幅な下落を招きました。

2017年　トランプショック／トランプ相場

2016年11月、アメリカ大統領選挙で本命のクリントン氏を破ってトランプ氏が当選しました。この日、開票は日本時間で午前中でしたが、開票が進むにつれトランプ氏優勢が伝えられると、為替

● NYダウ　チャート

出典：「株探」(https://kabutan.jp/)

相場は円高に振れ、株式市場は大きく下落しました。しかし、翌日には株式市場は戻します（トランプショック）。その後、2017年にかけてトランプ大統領の経済政策が日本経済にも恩恵をもたらすのではないかという思惑が働き、株式市場は上昇したのです。

このように、海外の政情も株式市場に影響を与えるので、けっして無視できません。

アメリカの経済指標を見る

繰り返しますが、アメリカ経済は日本を含む世界経済に大きな影響を与えます。

●日経平均　チャート

出典：「株探」(https://kabutan.jp/)

そこでアメリカの経済指標にも注目したいところです。

アメリカの金融政策を決めるのは「連邦公開市場委員会（ＦＯＭＣ）」です。およそ6週間ごと、年に8回委員会が開催されます。その場で金利やマネーサプライなどといった金融政策が決定されます。

世界から注目されるＦＯＭＣは、その金融政策の方向性を決めるにあたっては日本と同様にさまざまな経済指標を参考にします。

アメリカの経済指標には、「非農業部門雇用者数（ＮＦＰ）」「住宅着工件数」「ＩＳＭ製造業景況指数」「鉱工業生産指数」「実質ＧＤＰ（速報値）」「地区連邦経済報告（ベージュブック）」「消費者物価指数」「シカゴ連銀全米活動指数」などがあります。

発表は、アメリカの各公共機関が行ない、当然ながら英語で記されていますが、日本の証券会社のホームページや経済シンクタンクからも発表されます。

アメリカの経済指標も、日本の経済指標と同様に事前の市場の予想と発表値の差が重要です。乖離が大きければ大きいほど市場にインパクトを与え、株価も大きく動きます。

株価に直接影響を与えるアメリカの指標は何でしょうか？　それがわかれば、アメリカの株価や為替が大きく動くことを事前に察知できますね。日本経済へ大きな影響を与えるアメリカの株価や為替の動きを事前に察知できる投資家だけが、日本の株価への影響を事前に察知することができ、結果として有利な取引ができるのです。

アメリカの株価や為替に直接影響を与え、さらに日本の経済にも間接的に大きな影響を与える、アメリカの経済指標について紹介していきます。日本の株式市場とアメリカ経済のかかわりをより深く理解することにも役立ちます。

アメリカの経済指標は世界中の経済に影響を与える

ある日突然、ＮＹダウが大暴落したら、普通の日本人なら驚きます。でも、中には驚いた様子もなく、「やっぱり大きく動いたね」などと、涼しい顔をして冷静に対応している人がいます。こうしたアメリカ経済の事情通は、アメリカの経済指標をくまなくチェックしているに違いありません。

ＮＹダウや米ドル／円相場が日本の株価に大きな影響を与えるため、アメリカの経済指標は株取引ではけっして無視できない重要な情報なのです。

株取引に精通するということは、日本を含めた世界の経済事情に精通することでもあります。欲をいえば、ＥＵ諸国やイギリス、中国の経済指標まで把握することが望ましいのですが、株取引の初心者であれば、日本に最も大きな影響を与えるアメリカの指標からチェックしていきましょう。

指標の意味を理解し、発表日にチェックし、その影響がどう波及するか、ＮＹダウや米ドル／円相場をチェックして確認するクセをつけるだけで、経済に対する理解がどんどん深まっていきます。

非農業部門雇用者数
(Nonfarm payroll employment)

数あるアメリカの経済指標の中で、株と為替に与える影響が最も大きい指標です。正確には、アメリカ労働省が発表する「雇用統計」という指標の一部で、非農業部門雇用者数と一緒に発表される「完全失業率」にも同様に大きな注目が集まります。

非農業部門雇用者数の発表は、ＦＸや先物取引などでも大いに注目されています。

また、エコノミストやアナリストたちの事前予想を裏切ることがよくあり、その結果、株価や為替が一時的に大きく動くことでも知られています。

●非農業部門雇用者数（Nonfarm payroll employment）

発表日	毎月第1金曜日
発表時間（日本時間）	22：30（サマータイム期間中は21：30）
発表機関	アメリカ労働省
URL	https://www.dol.gov/
NYダウへの影響度	★★★★★
米ドル/円への影響度	★★★★★

連邦公開市場委員会（FOMC）

ＦＯＭＣは「Federal Open Market Committee」の頭文字から作られた略語で、日本語では「連邦公開市場委員会」と訳されますが、重要指標として日本でも知名度が高まった結果、メディアでも「ＦＯＭＣ」と呼ばれることが圧倒的に多くなりました。**FOMCはアメリカの金利政策を決定する重要な会議であり、日本の日銀が実施している「金融政策決定会合」に該当します。**

今、高い水準にある米国金利がいつ引き下げられるか、金融市場が固唾《かたず》をのんで見守っています。

●連邦公開市場委員会（FOMC）

発表日	約6週間ごとに年8回開催 不定期開催もあるので注意
発表時間（日本時間）	開催最終日の04：15に発表 （サマータイム期間中は03：15）
発表機関	FRB（連邦準備制度理事会）
URL	http://www.federalreserve.gov/
NYダウへの影響度	★★★★★
米ドル/円への影響度	★★★★★

住宅着工件数（Housing Starts）

新築の住宅または建物の月間増加数を統計した指標で、アメリカの個人消費の景況を計るうえで重要です。住宅市場の動向がつかめるため、建築関連の銘柄に大きな影響を与えるほか、家具や電化製品など耐久消費財の需要が予測でき、関連株への影響もうかがい知ることができます。

ISM製造業景況指数（ISM Manufacturing Report On Business）

製造業界を対象に毎月アンケートを行ない、その結果を発表するという、現場

●住宅着工件数（Housing Starts）

発表日	毎月第3週
発表時間（日本時間）	22：30（サマータイム期間中は21：30）
発表機関	アメリカ商務省
URL	https://www.commerce.gov/
NYダウへの影響度	★★★★☆
米ドル/円への影響度	★★★☆☆

●ISM製造業景況指数（ISM Manufacturing Report On Business）

発表日	毎月第1営業日
発表時間（日本時間）	00：00（サマータイム期間中は23：00）
発表機関	ISM（全米供給管理協会）
URL	https://www.instituteforsupplymanagement.org/
NYダウへの影響度	★★★★☆
米ドル/円への影響度	★★★☆☆

の景況観を極めてリアルに数値化した指標です。具体的にはアメリカ国内の製造業（300社以上）に従事する購買・供給管理責任者を対象にアンケートを実施し、その結果を毎月集計して月頭の営業日に発表します。集計結果は0から100までのパーセンテージで表され、50%を上回ると景気拡大、50%を下回ると景気後退と判断します。

鉱工業生産指数

製造業、鉱業、電力、ガスなどの実質生産量を発表する経済指標です。鋼材の生産量をもとに各業種の生産の伸びを予測できるほか、建築資財や耐久財に使わ

●鉱工業生産指数

発表日	毎月中旬
発表時間（日本時間）	23：15（サマータイム期間中は22：15）
発表機関	FRB（連邦準備制度理事会）
URL	https://www.federalreserve.gov/
NYダウへの影響度	★★★☆☆
米ドル/円への影響度	★★★☆☆

れた鋼材の量なども発表されるため、製造業の景況を事前に察知できる速報性の高い指標として注目されます。なお、具体的に生産量を計れない分野は労働時間や使用電力量から推計されています。

実質GDP（速報値）

「国内総生産」とも呼ばれ、アメリカの経済成長率そのものを示す注目度の高い経済指標です。GDPの伸びはほかの指標からおおよそ推測できることが多く、ほとんどの発表は「折り込み済み」となり、市場の反応も薄いことが多いのですが、速報値の結果がアナリストたちの分析と大きく異なった場合、世界中の株価

●実質GDP（速報値）

発表日	速報値 （4月、7月、10月、翌1月の21～30日の間）
発表時間（日本時間）	22：30（サマータイム期間中は21：30）
発表機関	アメリカ商務省
URL	https://www.commerce.gov/
NYダウへの影響度	★★★★☆
米ドル/円への影響度	★★★★☆

と為替に大きな影響を与えます。したがって、四半期ごとに発表される「速報値」には要注目です。

地区連邦経済報告（ベージュブック）

アメリカの連邦準備銀行全12行が管轄地域の経済状況をまとめた報告書で、表紙がベージュ色であるため「ベージュブック」という通称で呼ばれています。

この報告書は単なる地域経済のレポートではなく、アメリカの金融政策が決定されるFOMCで参考資料とされるため、株価の動きを予測するための先行指標として注目されています。FOMCの開催に併せて年8回発表されます。

●地区連邦経済報告（ベージュブック）

発表日	FOMC開催の2週間前の水曜日
発表時間（日本時間）	04：00（サマータイム期間中は03：00）
発表機関	連邦準備制度理事会
URL	https://www.federalreserve.gov/
NYダウへの影響度	★★★★☆
米ドル/円への影響度	★★★☆☆

消費者物価指数（ＣＰＩ）

消費者が購入した商品やサービスの価格変化を数値化した経済指標です。全米87の都市、約2万3000件の小売・サービス事業所と約5万件の家主や借家人から得た家賃のデータによって算出されます。**アメリカ経済のインフレが懸念される局面では、この指標に大きな注目が集まります。**

サマータイムに注意！

アメリカには、日照時間が長くなる時季に時計の針を1時間進める「サマータイム」という制度があります。期間は3月の第2日曜日〜11月の第1日曜日まで

●消費者物価指数（CPI）

発表日	毎月15日前後
発表時間（日本時間）	22：00（サマータイム期間中は21：00）
発表機関	アメリカ労働省
URL	https://www.dol.gov/
NYダウへの影響度	★★★☆☆
米ドル/円への影響度	★★★★☆

で、**この期間は発表時間も1時間ほど早まります。**ＥＵやイギリスの経済指標をチェックする場合もサマータイムがあるので注意しましょう。

事前の予想との乖離に注目

前述しましたが、経済指標の発表で株価が大きく反応するのはサプライズがあった時。前回発表や、事前のアナリストたちの予想と大きく乖離した時に株価や為替は大きく変動します。

そのため経済指標発表の前に、市場の予想をチェックしておくことです。

米国の発表は日本の深夜時間ですが、ＮＹ市場はすぐに反応します。

●各国のサマータイム

アメリカ	3月第2日曜日～11月第1日曜日
EU	3月最終日曜日～10月最終日曜日
イギリス	3月最終日曜日～10月最終日曜日

これから起こるイベントは株価を左右する

社会の変化によって新たな需要が創出され、そこにビジネスチャンスが生まれ恩恵を被る企業が出てきます。そのような変化をもたらすイベントをチェックしてみましょう。ほかにもこれから出てくる新規需要はいくらでもあります。

社会そのものを変えるといわれるＡＩ（人工知能）やＩｏＴ（モノとモノをつなぐインターネット）などなど。これに関連してセキュリティの問題も浮上してきます。

先進国では、日本に代表されるように、少子化問題がこれから深刻になってきますが、地球レベルでは人口の増加は続いています。水不足や食料不足、さらには環境問題も深刻化するでしょう。環境問題に関しては、原子力発電の廃炉問題もこれからクローズアップされることでしょう。

株式市場はこういった「テーマ」を先取りして動きます。そのため、ここで紹介した関連の銘柄はすでに株価が上昇しているケースがほとんど。**これから投資を行なうには、新しいテーマを探したほうがリターンが大きいはずです。**

（※以上、参考までに挙げた銘柄は、あくまで「テーマ株は上昇しやすい」ということを検証するために紹介しました。推奨するものではないので、ご注意ください）

季節ごとに大きな値動きを見せる銘柄がある

四季それぞれの季節ごとに売れ行きが伸びる銘柄があります。

たとえば夏になれば、ビールや清涼飲料水、アイスクリームなどの売上が伸びます。このような商品のメーカーは、その売れ行きが良くなる季節に向けて株価が上がる傾向にあります。

先に例を挙げたビールや清涼飲料水、アイスクリームのメーカーなら春から夏にかけて株価が上昇しやすい傾向にあります。また前にも説明した通り、株式市場には先見性があるので、真夏前のだいたい5月頃にピークをつけることが多いようです。

そして、ある程度の暑さがあればビールや清涼飲料水の売れ行きは良く、冷夏なら売れ行きは悪くなり、株価もさほど上昇しません（猛暑だと、今度はビアホールに出向かないなどのマイナス要因が発生し、ビールの売れ行きは悪くなります）。

具体的な銘柄を挙げると、キリンホールディングス（2503）やアサヒグループホールディングス（2502）、サッポロホールディングス（2501）、伊藤園（2593）、江崎グリコ（2206）などでしょう。

冬なら暖房器具に関連するメーカーや燃料となる石油関連の企業が注目されます。春なら進学、進級に関連する文具関連銘柄。また、ゴールデンウィークがあるので旅行関連も注目されます。

天気も株価に影響を与える

季節変動によって株価が左右されるという事実と重なりますが、天気によっても株価は左右されます。

何年か前、週末ごとに全国的に雨模様となった時、レジャー関連の企業の業績が悪化しました。また冷夏ともなれば清涼飲料水、ビール、アイスクリームといった氷菓の需要が落ち込みます。暖冬では冬物衣料の売れ行きが悪くなります。当然のことながら関連企業の株価に打撃を与えます。

このように天気の良し悪しで好材料となる企業、悪材料となる企業それぞれです。

とりわけ近年、温暖化問題からか世界的な天候不順や異常気象が続いています。

2024年現在、北米でやはり天候不順が発生しているとのこと。その結果、農作物に悪影響が生まれ、農業生産が落ち込むという予想が出ています。その予想段階で、農作物の収穫に使われる芝刈り機の需要が落ち込み、その芝刈り機の部品を提供している日本の部品メーカーに悪影響が出ています。部品の在庫が積み上がり、売れ行きも悪くなっているとのこと。**天気の「予報」段階でも、企業業績、株価に影響が出てしまうものなのです。**

時事問題に目をつけ、そこから連想を働かせよう

世の中は、さまざまなところで動きがあります。たとえば政治。政権が交代すれば政策も変わります。その時どんなことが起こるか、どんな需要が発生するかを想像しましょう。

2024年現在、ロシアによるウクライナ侵攻が続いており、さらに、日本近辺では北朝鮮のミサイル発射問題、中国による尖閣諸島近海の領海侵犯問題などを抱えています。その影響で防衛関連銘柄が物色されることとなりました。

また東日本大震災以降、熊本地震や能登半島地震といった大きな震災が発生しています。今度は、将来の震災に備えて防災関連グッズが売れるようになりました。

2019年に中国で発生したといわれるコロナウイルスは、翌2020年にはたちまち世界中に拡散し、日本のみならず世界中をパニックに陥れました。世界の株価が下落するなか、ワクチンを開発する医薬品メーカー、マスクなど衛生用品のメーカーの中には値を大きく上げた銘柄も多いという状況でした。

このように、時事問題によって、経済的にどんなところへ影響が及ぶか連想を働かせましょう。

「風が吹けば桶屋が儲かる」という諺《ことわざ》があります。これは一つの出来事が回りまわって意外なところに影響を与えるという意味です。経済波及効果が意外なところにも及ぶので、連想していきましょう。

コラム

時代とともに注目される指標は変わる

またまた昔話。1980年代に訪れたバブル経済。この時は株価のみならず土地の価格も異常な値上がりをしました。すると土地を多く持っている企業の株がまた買われるという流れができました。そして出てきたのが「Qレシオ」なる指標。

PBR（株価純資産倍率）が土地の評価を購入時の価格をもとにしていたのに対し、Qレシオは時価で計算するというものです。土地の価格が異常に高かった時代だったので、確かに注目を浴びる指標ではありました。しかし、バブル経済が崩壊するとともに、このQレシオに対する関心は薄れていきました。

土地を持つ企業に注目が集まるなか、面白いハプニングがありました。

ある経済紙で、とある企業が所有する土地の広さを一桁多く出してしまったのです。俄然《がぜん》、その企業が注目を集め、株価が上昇します。あわてたのはその企業。記者会見を開き、「土地の広さが大きく出されている」と伝えます。

すると、その企業の株はさらに上昇。「あの会社は正直だ」という評価が下されたなどという後講釈も出ましたが、理由はよくわかりません。

第3章

業績の変化を見逃がさずに 1億円を作る

1億円を作るには業績の変化に敏感になること

株価が大きく動くのは「変化」が起きた時です。世の中の変化から、業績の変化にまで株価は大きく反応します。

業績の変化は、実際に変化が起こってからより、「変化の予想」段階で投資行動を起こしたほうが投資効率は良くなります。

四半期ごとの決算短信が発表される直前に「業績予想の修正」というリリースが企業から発表されるケースがあります。

決算短信では、終わった期の確定した業績が発表されます。と同時に、次の期の業績予想も出されます。企業はその業績予想を目標に業務に邁進《まいしん》するわけですが、しかしながら必ずしも計画通りにいくとは限りません。第1四半期、第2四半期と進んでいくうちに、当初の計画と実績に少しずつ乖離が生じてくるものです。

不測の事態で売上が大きく落ち込んだり、逆に特需が生じて売上が一時期に大きく伸びたりするのです。こういったケースで、明らかに予想と実績が大きく乖離しそうだと判明した時は、企業は「業績予想の修正」のリリースを出します。これは企業のホームページで閲覧できます。

「業績予想の修正」が当初の計画より上振れすることを「業績の上方修正」といい、株価にはプラスに働きます。逆に「業績予想の修正」が当初の計画より下振れすることを「業績の下方修正」といい、株価にはマイナスに作用します。

「業績予想の修正」が出されると、株価は大きく動きやすくなります。

一例を出しましょう。

2024年3月28日、100円ショップを運営するワッツ（2735）が上方修正を発表しました。上半期の営業利益は期初の予想の2億4000万円から7億4000万円に（前年同期比2・7倍）、通期では5億円から10億5000万円（前年同期比69・1％増）に引き上げるという内容でした。

この業績予想の大幅な引き上げに株式市場は反応します。

前日の終値が668円だった株価は、翌3月29日は寄りつきからストップ高気配。けっきょく768円のストップ高で引けます。

ストップ高まで上昇したワケは、想定を超える大幅な額の上方修正だったからです。

●会社の業績予想の上方修正で株価が大幅上昇

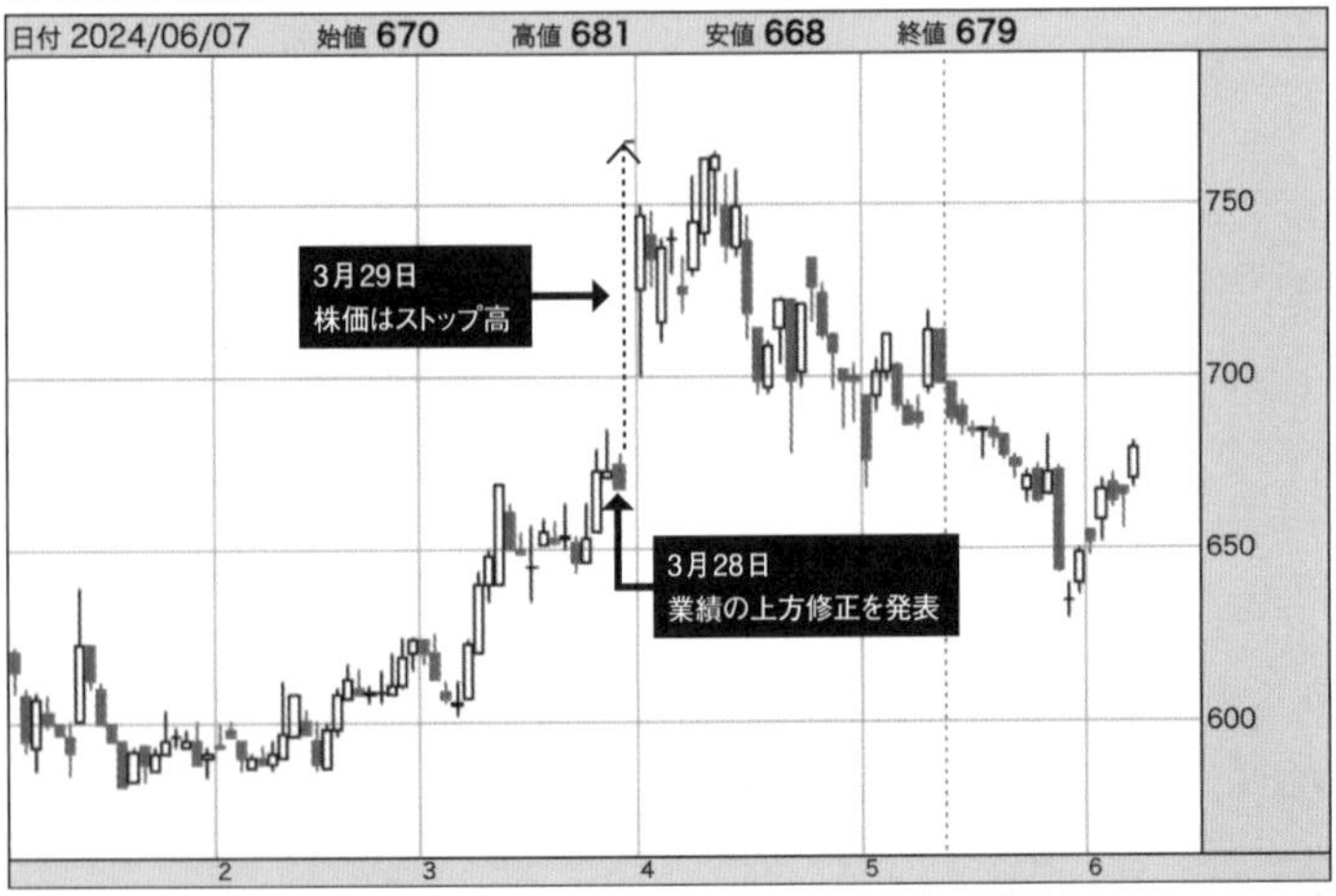

出典：「株探」（https://kabutan.jp/）

リリース前に業績予想の修正を見抜く

「業績予想の修正」が企業から発表されると、たいてい株価は敏感に反応します。そのため、発表があってから売り買いに出ても、間に合わなかった、あるいは利が薄かったということになりかねません。逆に、もし企業からのリリース前に予測できれば、大きな利益を獲得できることになります。

たとえば季節変動などがなく、月々ほぼ均等に売り上げて、利益を積み上げる企業があるとします。（営業）利益だけで説明しますと、通期の営業利益予想が10億円だったとします。四半期ごとの利益は、ほぼ2・5億円ずつ。中間期（第

2四半期）累積で5億円です。

ところが第1四半期が終わって、その時点での営業利益が4億円出ました。第2四半期で8億円だったとします。半分の期間で当初の計画の80％まで進捗したのです。このまま順調にいけば、期末の営業利益は16億円に達する計算です。

そこで企業は「業績の上方修正」を出す方向に動きます。

そのような流れがあるため、第1四半期が終わる直前で「業績の上方修正」が出ることはなかなかありません。第2四半期の決算発表前、第3四半期、本決算と進むにつれ、業績予想の修正が出る本数は増えていきます。

明らかに第2四半期前に「これは上方修正が出そうだ」と見ていても、慎重なスタンスをとる企業だと次か、さらに次の決算発表まで待つところもあります。

企業を取材していて、「ここは、上方修正が出てもおかしくない」と思い確認してみると、「出るかもしれませんが」と前置きしながら、第3四半期以降に費用が増えるかもしれない、などと言って発表を先送りするケースもあります。

ストップ高もある程度は予想できた

１０１ページで紹介したワッツのケースで見てみましょう。

３月28日の業績の上方修正で株価はストップ高になるほど上昇しますが、この時に上方修正はある程度予想できたことでした。

それは、第１四半期決算短信からもうかがえるのでした。

期初に発表した２０２４年８月期の業績予想では、

第２四半期　売上　２９７億２０００万円

営業利益　２億４０００万円　（前期比△11・８％）

通期では　売上　５９１億円

営業利益　５億円

そして第１四半期の業績（実績値）は、

売上　１４８億１３００万円　（前年比　０・８％増）

営業利益　１億９０００万円　（前年比　２０３・０％増）

注目したいのは、第１四半期の営業利益です。まず前年比２００％を超える増益幅。つまり利益が３倍に膨らんでいる点が一つ。さらに第２四半期、あるいは通期の業績予想に対する進捗率の高さです。**第2四半期の2億4000万円に対し1億9000万円の第1四半期の利益ということは、第2四半期だけの利益は5000万円だけで予想値に達してしまうのです。**

通期の5億円に対し、4分の1の期間だけで1億9000万円の利益は、いかにも進捗率が高い。しかも、次の項目で紹介するジェイ・エス・ビーのように季節ごとに売上、利益にばらつきがあるわけでもありません。

この第1四半期決算短信を見れば、いずれ上方修正が出ることは確信できるほどです。ただ、第1四半期で上方修正を出すのは、企業としてはなかなか難しいものです。

ワッツのチャートを今一度見ていただくと、3月28日の上方修正が出る前から株価はじりじり上昇しているのがわかるでしょう。第1四半期決算短信を見て、「第2四半期でも良い業績の数値が出るだろう。ひょっとしたら、上方修正も出るかもしれない」と読んだ投資家からの買いが入ったと想像するのは難しくありません。

進捗率だけで判断しない

四半期ごとの業績から本決算の業績を予想する時、気をつけなければならないのは必ずしも月々、あるいは四半期ごとの売上、利益が均等というわけではないという点です。

例として株式会社ジェイ・エス・ビー（３４８０）の１年間の業績を追ってみました。

２０２３年10月期の決算短信で発表された業績は、通期で売上６３７億８１００万円、営業利益71億８７００万円。

そして、四半期ごとの業績が下の表の通りです。

第１四半期から第４四半期までの累積ではありません。それぞれ四半期ごとの業績です。なぜ、このようなばらつきがあるのでしょうか。これはこの企業のビ

●ジェイ・エス・ビー（3480）の四半期ごとの売上と営業利益

	売上	営業利益
第１四半期	129億5100万円	▲2億2800万円
第２四半期	219億7500万円	65億1300万円
第３四半期	144億7100万円	8億9600万円
第４四半期	143億8400万円	600万円

※百万円未満は切り上げ、切り下げがあるので、合計数値が一致しないケースがあります。

ジネスモデルに起因します。

ジェイ・エス・ビーは学生向けマンション賃貸を主力事業としています。そのため、学生が入学して学生寮に入居する第2四半期（2月〜4月）に売上、利益が膨らむのです。

したがって、通期の業績予想と単独の四半期業績だけを比較したら、大きな錯覚を起こすことになりかねません。**それを防ぐには、前年同期比を見ることです。前年同期と比べてプラスかマイナスか、その乖離で判断することです。**

景気の良し悪しで動く株価

景気と株価の動きに密接な関係があることは、容易に想像がつくことでしょう。

すなわち、景気が良くなれば株価は上昇し、景気が悪くなれば株価は下落するという関係。しかし、これは厳密にいうと間違いです。

景気のピークと株価のピークは一致しないのです。

まず、景気と株価の関係を考えてみましょう。

景気が悪くなると、企業の設備投資に対する意欲が減退します。すると、お金の需要が減り、その結果金利が下がります。不況になれば、金融当局は景気対策として金利を引き下げにかかります。世に出回るお金を増やそうとするのです。

また、景気が悪くなると、企業業績も悪くなり、株価は下落します。その下落の過程で、配当利回りが高くなるケースが出てきます。たとえば1000円の株価の企業で、年間配当が10円だったとします。配当利回りは1%になります。

不景気、株式市場の低迷で、1000円の株価が500円まで下落したとしたら、配当10円のままなら配当利回りは2%まで上昇。不景気で配当利回りが良くなるなか、設備投資に回す資金を、利回りが良い株式市場に投じるといった流れができます。

「不況下の中の株高」はこうして生じます。

また、投資家は経済状況の「今」を見て投資行動を起こすのではなく、「未来」を見つめて投資行動を起こします。だから、株高と景気のピークにはだいたい半年ほどのタイムラグがあるといわれています。

「最高益」のニュースで株価が下落する理由

昔の話ですが、こんなシーンがありました。私の周りで株式投資をはじめたばかりの人がいました。その人がある日、日経新聞を私に見せながら、

「おい、この○○社、『最高益』だってさ。オレ、この株買おうかな」

その時の私の反応は、懐疑的であまりいい顔をしていないはずでした。

「どうだろうね。私には判断つかないが」

その人がその銘柄を購入したかどうかはわかりません。ずいぶん前の出来事なので、どういう銘柄かまでは覚えていませんが、後日、あの時の株がどうなったか調べた記憶があります。そして、確かにその後、株価は下落していました。

「最高益」という実績は、過去のデータです。これからも業績が上がっていくかということとは無関係です。そして、最高益というニュースは、事前に株式投資家やアナリストたちにある程度予想されていたに違いないのです。

ちなみに『最高益』「2024年」でネットで検索してみました。

具体的に出てきた銘柄は、

ANAホールディングス（9202）

ホンダ（7267）

SCREENホールディングス（7735）

が直近の「最高益」銘柄でした。そして、チャートで確認してみると、ほぼ「最高益」のニュースには無反応でした。それどころか下落に拍車がかかるケースもあったのです。

事前に「最高益が出る」という予想はアナリストなどからも発信されているケースがほとんどで、その段階で株はすでに買われて株価は高値圏にあります。「最高益」のニュースとともに「次期は

● ANAホールディングス（9202）

出典：「株探」（https://kabutan.jp/）

さらに業績は伸びる」というニュースでもついていなければ、この最高益がピークと見て、株の売り物が出がちになります。

これは特に「材料出尽くし」といわれています。

「知ったらしまい」という投資格言もあるくらいです。

「噂で買って事実で売れ」という投資格言もあるように、投資家の目は常に未来に向けられているのです。

「事故」「災害」は株価を下落させるか

会社の経営状況に影響を与える要素に、「外部要因」があります。わかりやすくいうと、天災や災害といった「事故」、あるいは経済危機といった要因です。

いずれも会社側、経営陣に対処のしようがない災難ですが、こういった事態に投資家はどう対処すればいいのでしょうか。

たとえば、工場の火災などはその企業の業績に対しマイナスになります。

２０２３年12月31日、エンジンバルブ製造のＮＩＴＴＡＮ（６４９３）の工場で火

●NITTAN (6493)

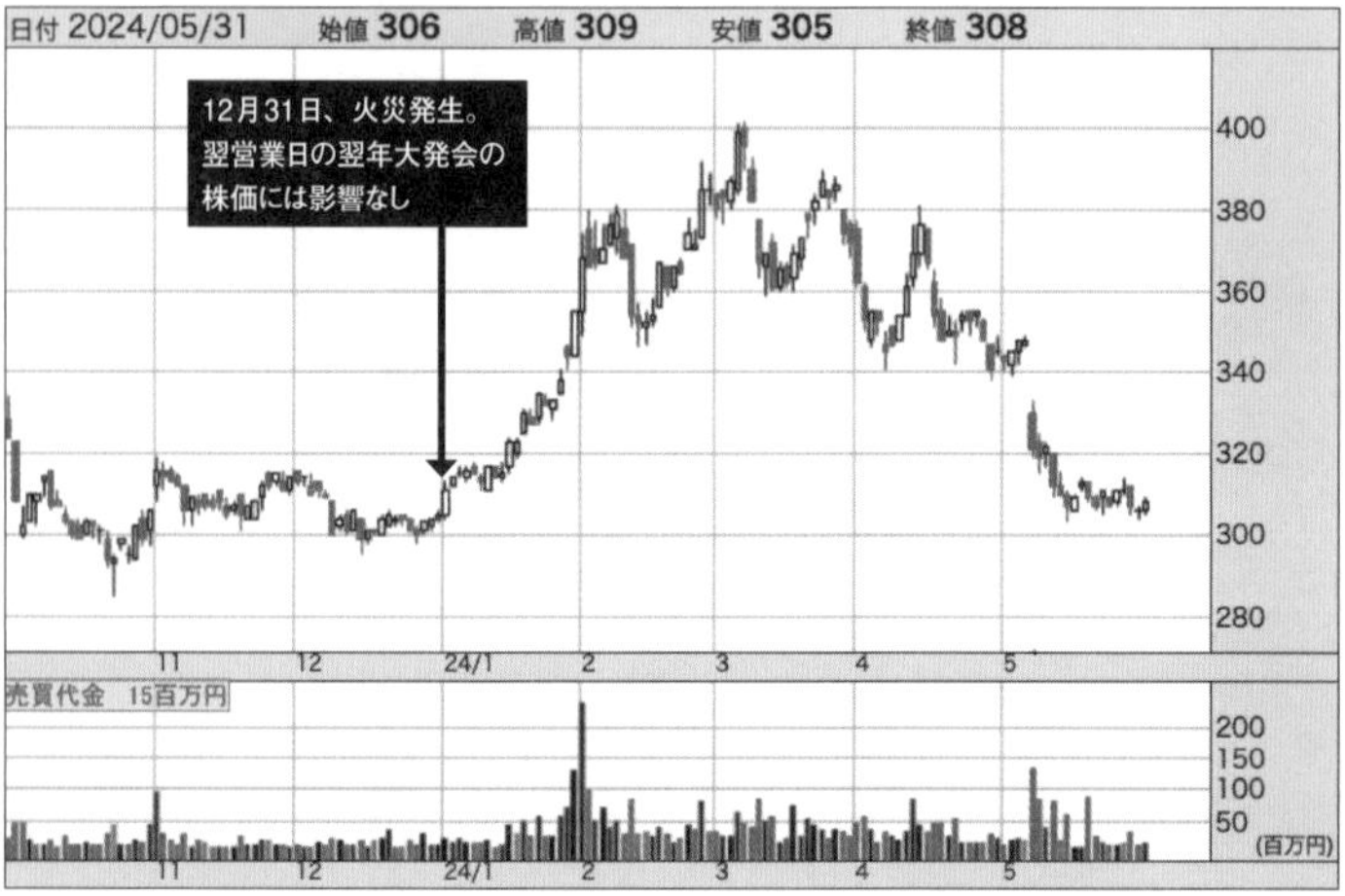

出典：「株探」(https://kabutan.jp/)

災が発生しました。同社の主要製品の一つの舶用部品の生産も止まります。舶用部品の事業部は好調だったにもかかわらず、一転して2024年3月期では部門赤字となる結果を招きました。

では、株価への影響はどうだったのでしょうか。上に同社のチャートを掲載していますが、株価にはまったくといっていいほど影響が及んでいません。

確かに工場の喪失という損害が出て、さらに生産が一時止まって業績にもマイナス作用を及ぼしています。しかし、それはあくまで一時的な要因。火災による損害の大部分は保険でカバーもできます。「天災に売りなし」という投資格言もあります。

狼狽売り（あわてて売る）することなく、冷静な対処が必要です。逆に、市場が過敏に反応して売りが殺到した時などは、買いのチャンスかもしれません。

これは天災に限らず、会社内部の不祥事、一部社員の不正行為などでも同じことがいえます。

会社内の不祥事といえば、粉飾決算や社員が企業秘密を外部に持ち出したり、顧客の個人情報を外部に持ち出したりといった事件がよく報道されますが、会社の存亡にかかわる事案でなければ、投資家は冷静に対処するべきでしょう。

会社の存亡にかかわるような事案では「売り」

ただし、長期にわたって業績に悪影響を与えるとか、会社の存続が危ぶまれるような事案ではすばやく売却したほうが得策というケースもあります。

古くはライブドア事件など、会社が消滅し、投資家が大きな損失を出したケースもあります。それどころか、ライブドアに強制捜査が入ったあとの2006年4月には、市場全体に影響が出て株価が暴落しています。

2007年に露見したサブプライム住宅ローン問題、それが引き起こした2008年のリーマンショックなどは、長期にわたって世界的な株式市場の低迷を招きました。事件、事故などによってどれくらいの影響があるのか、まずは冷静な判断が求められるところです。

政権が交代しても上がる株、下がる株がある

日本では長らく自民党が政権の座について、あまり政権交代が行なわれていません。そのため、政権交代が頻繁に起こるアメリカなどに比べ、どの政権かによって利益を被る企業、そうでない企業の差があまり感じられないかもしれません。

しかし、思い出してください。日本で2009年に民主党政権が誕生し、鳩山由紀夫内閣が成立した時のことを。民主党政権は、

「コンクリートから人へ」

というスローガンで誕生し、軒並み公共事業費を削減しました。

道路　25%マイナス

空港　20％マイナス
ダム　12％マイナス

と、2010年度予算の公共事業費は前年度比マイナス。そのため建設やコンクリートといった企業は打撃を受けました。当然のことながら株価にも悪影響を与えました。

政治や政策が変わることによって、株価にも影響が及ぶのです。

政権交代がありそうな時は、その政権が推し進めそうな政策をチェックしておくことです。

もしトランプ氏が大統領になったら

2024年秋、アメリカで大統領選挙が行なわれます。

共和党の候補になりそうなトランプ氏。

一方、現職のバイデン大統領は民主党の候補になりそうです。

本書執筆中の6月現在、トランプ氏有利ということになっています。「もしトランプ氏が大統領になったら」ということで、株価にどう影響を与えるか、両者が打ち出す政策を比較してみましょう。

前にも説明しましたが、アメリカの株価は日本株にも多大な影響を与えます。トランプ氏はこれまで自国優先主義を唱え、自国産業の保護政策を訴えています。具体的にはアメリカ国内に入ってくる輸入品に高い関税をかけるのでは、と日本の輸出産業は警戒しています。

関税に関して、中国にはもっと高率の関税をかけるのではといわれています。リベラル色が強いバイデン大統領より中国に対し強硬な態度を取るかもしれません。そうなると、中国関連の銘柄にはマイナスに作用するでしょう。それは日本の企業も同様です。

逆に、アメリカから日本に輸出される品目に関しては、日本に対し関税の引き下げを要求してくるでしょう。アメリカから多く輸入される品目で多いのが、食料品。特にトウモロコシといった穀物に加え、牛肉などの畜産物がそれに該当します。その恩恵をまず受けるのが飼料会社ではないでしょうか。

このように、「変化」の影響がどこに及ぶのか、連想を働かせるのです。

環境の変化で人々の行動が変わる

人々の行動に大きな変化が起きた時、企業の業績にプラスになる業種、業績にマイナスになる業種があります。

わかりやすい事例が、２０１９年末からはじまったコロナ禍です。２０１９年に中国で発生したといわれる新型コロナウイルス感染症は翌２０２０年３月11日にＷＨＯがパンデミックを宣言。日本のみならず世界的な株安を招きました。２０２０年初頭には２万４０００円台にあった日経平均株価は、３月には一時１

●コロナ禍で日経平均は大きく下げた

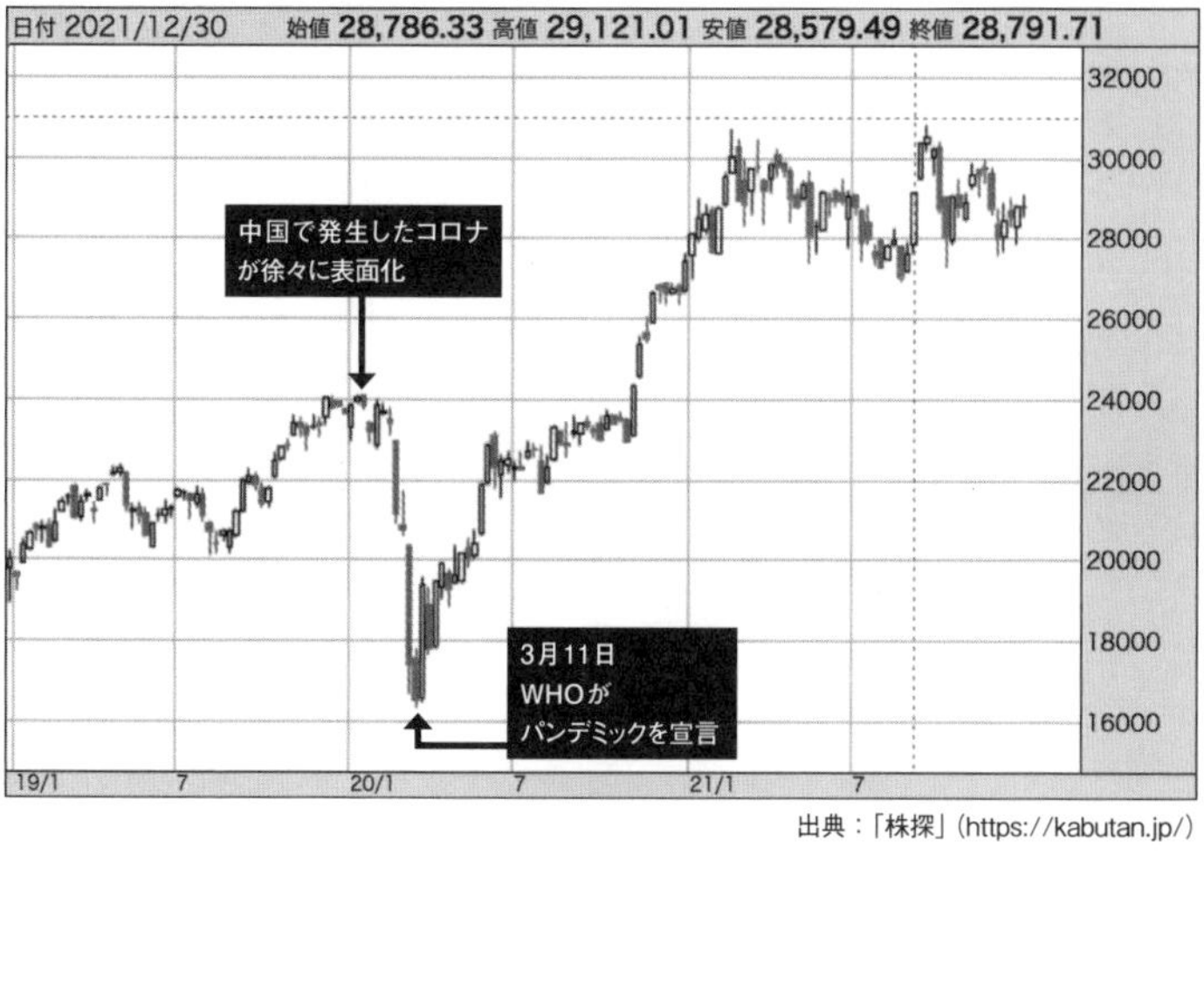

出典：「株探」(https://kabutan.jp/)

万6000円台まで急落します。

しかしその後、急回復を遂げます。その間、業種によって上げ下げは大きなばらつきが出ます。コロナ禍によって人々の行動様式に大きな変化が起きたからです。

最も大きな変化は、人々の流れ。特に外出自粛です。そのため外食産業は業績を大きく下げ、関連銘柄は株価を急落させます。ほかにレジャー関連、鉄道や空運、ホテルなどの銘柄が値を下げました。

一方、ワクチン開発にかかわった薬品関連、マスクの製造会社などは大きく株価を上げます。また、巣ごもり需要でゲーム関連、在宅勤務で一部のＩＴ関連銘柄も値を大きく上げました。

このように、世の中の景色が変わると、上がる株、下がる株の違いに大きな差が出るのです。

第4章

株価水準から判断する手法で1億円を作る

「割安」「割高」を計る株価水準とは

とても有望だと思われる銘柄を見つけたとします。

業績も良い、将来性のある事業を展開している……。しかし、それだけの判断で株を買ってしまっては、そこに落とし穴があるかもしれません。

業績も良く、将来性のある事業ということがわかっていれば、ほかの投資家も承知しているはずです。すでに多くの投資家に買われていて、株価が割高になっているケースもあります。割高になっていたとしたら、値上がりする余地は小さく、また下落するリスクも大きくなっています。

そこで、ターゲットにした銘柄の株価は、割高なのか割安なのかをチェックしたいところ。「割高」「割安」を計る「モノサシ」は次のように、いくつもあります。

- 配当から割り出す「配当利回り」
- 会社が生み出した純利益から割り出す「株価収益率（ＰＥＲ）」
- 会社の純資産から割り出した「株価純資産倍率（ＰＢＲ）」

・会社が資金をどれだけ有効に使って利益を出しているかを知る「株主資本収益率（ROE）」

本項で、それぞれについて説明していきましょう。

配当金から株価水準を割り出す「配当利回り」

企業が稼ぎ出した利益の中から株主に還元される配当金。この配当金の額から株価水準を割り出す指標を「配当利回り」といいます。

算出法は、1株あたりの1年間の配当額を株価で割って（×100）求めます。

配当利回りの数値が高いほど投資家に

●配当利回りの計算式

$$\frac{\text{1株あたりの年間配当額}}{\text{株価}} \times 100 = \text{配当利回り（\%）}$$

株価が下がれば利回りは良くなり、株価が上がれば利回りは悪くなる。

とって魅力的ということになります。

１００万円で年間配当が４万円あったとしたら、配当利回りは４％ということになります。これは配当額がずっと変わらないことを前提とした場合、25年保有すれば元金はすべて回収できることを意味します。配当利回りは長期保有を前提に投資する時に重宝します。

今、銀行預金の利息は定期預金であっても１％をはるかに下回る利回りになっています。上場企業の配当利回りであれば３％、４％という数値も珍しくありません。低金利時代、株価低迷期には、配当利回りはより注目されます。

ただ注意しなければならないのは、配当金は変動するということ。業績が良くなれば「増配」、業績が悪くなれば「減配」ないしは「無配転落」ということもあります。

配当がなくても有望銘柄はある

もう一点。無配で配当利回りがゼロだからといって、投資の対象にならないということはありません。

銘柄には「グロース株」と「バリュー株」という分類があります。グロース株は、

●高配当利回りランキング

順位	証券コード	銘柄名	配当利回り（予想）（%）	現在値（円）（時刻）	前日比（円）
1	8706	極東証券	6.91	1590（15:00）	+37
2	9744	メイテックGHD	5.98	3142（15:00）	-12
3	1890	東洋建設	5.86	1365（15:00）	+13
4	6419	マースGHD	5.78	3370（15:00）	-10
5	5451	淀川製鋼所	5.57	5540（15:00）	+100
6	8070	東京産業	5.52	652（15:00）	-1
7	2148	アイティメディア	5.47	1826（15:00）	-8
7	5208	有沢製作所	5.47	1533（15:00）	+22
9	8999	グランディハウス	5.44	588（15:00）	+5
10	6167	冨士ダイス	5.39	742（15:00）	+23
11	1898	世紀東急工業	5.32	1689（15:00）	+31
12	6763	帝国通信工業	5.3	1885（15:00）	+10
13	3284	フージャースHD	5.29	1095（15:00）	+6
13	4845	スカラ	5.29	708（15:00）	+4
15	1719	安藤ハザマ	5.25	1142（15:00）	+6
16	7239	タチエス	5.21	1989（15:00）	+57
17	6417	SANKYO	5.2	1538（15:00）	+20
18	2146	UTグループ	5.18	3180（15:00）	+75
19	1870	矢作建設工業	5.17	1546（15:00）	+31
19	3245	ディア・ライフ	5.17	889（15:00）	+10
19	8897	MIRARTH HD	5.17	580（15:00）	+16
22	8707	岩井コスモHD	5.15	2326（15:00）	+31
23	7433	伯東	5.14	5050（15:00）	+30
24	6539	MS-Japan	5.12	1093（15:00）	+4
25	7844	マーベラス	5.08	649（15:00）	+3
26	5357	ヨータイ	5.02	1792（15:00）	+7
27	1833	奥村組	4.98	4870（15:00）	+45
28	4503	アステラス製薬	4.97	1487（15:00）	-26.5
29	1814	大末建設	4.96	1793（15:00）	+33
30	8137	サンワテクノス	4.95	2220（15:00）	+8

＊2024年5月17日の終値をもとに算出

文字通り将来に向けて成長が期待できる銘柄。バリュー株は、企業価値より割安の銘柄ということになります。

グロース株は新興企業に多く、上場間もない企業などがそうです。IT関連企業やバイオ関連企業など。新興企業なので利益はまだ薄く、将来への投資用の資金を貯めるために配当よりも内部留保を厚くしがちです。

バリュー株は、重厚長大産業に多く、大きな成長は期待できないものの配当は厚くしがちです。**値上がり益を狙うなら、バリュー株よりリスクも高くなりますが、グロース株がお薦めになります。**

利益から株価水準を計るPER

PER（Price Earnings Ratio）とは、日本語で「株価収益率」という意味で、株式会社が四半期ごとに発表する当期純利益をもとに株価の割安感を探る指標です。数値が小さいほど割安と判断できます。次のページの三つの方法で求めることができますが、『会社四季報』などの専門誌や証券会社のホームページでは、最新の決算情報

●PERの算出法①

$$\frac{\text{株価}}{\text{1株あたり当期純利益}} = \text{PER（株価収益率）}$$

●PERの算出法②

$$\frac{\text{期中平均発行済株式数} \times \text{株価}}{\text{当期純利益}} = \text{PER（株価収益率）}$$

●PERの算出法③

$$\frac{\text{会社の時価総額}}{\text{当期純利益}} = \text{PER（株価収益率）}$$

に基づいたＰＥＲの数値を確認できます。

ＰＥＲの計算式から理解できる割安感の考え方

３種類の計算式はどれも同じ内容であり、同じ解となります。最も簡単に表された式は前ページの③の「会社の時価総額÷当期純利益」ですが、この計算式からは、「株式会社が稼いだ利益をすべて配当として株主に還元すると仮定した場合、何回の配当で株の購入代金を回収できるか」という、割安感に対する投資家の考え方が読み取れます。

つまり、発行済の全株式（時価総額）をすべて一人で買い占めて会社を丸ごと購入したら、何回目の利益（決算ごとに独り占めできる純利益）でペイできるか、という計算なのです。**そのため、ＰＥＲの数値は小さいほど良いということになります。**

自分で計算すると、当期純利益が多いからＰＥＲの数値が小さいのか、株価自体が安いからＰＥＲが小さいのかを見極めることができます。株の情報誌やインターネット上の株情報サイトではＰＥＲの数値が紹介されていることも多いのですが、自分でＰＥＲを算出すれば、より具体的に指標の内容を把握できます。

PERの基準値は？

PERの数値は小さいほどお買い得ということになりますが、どのくらいの数値以下ならOK、という基準のようなものはないと考えたほうがいいでしょう。なぜなら、PERの数値は業種によって極端に大きくなったり、小さくなったりするからです。

たとえば、新しい技術の開発とともに今後の成長が期待されるバイオ関連の銘柄や、成長著しいIT関連の銘柄などは、将来性を見込まれて株が買われ、PERの数値が驚異的に高くなります。こうした銘柄は、PERの数値が100以上になることも珍しくありません。

一方、古くからあるビジネスモデルで経営を続ける、いわゆるオールドエコノミーと呼ばれる企業の場合、PERは低くなりがちです。安定的な収益は挙げるものの、将来、飛躍的に成長することは考えにくく、株価が大きく上がることもありません。その結果、PERの数値も低くなるのです。

当期純利益の内容に注意する

ＰＥＲの数値から銘柄の割安感を判断する際に注意したいのが「当期純利益の内容」です。当期純利益には不動産や有価証券の売却益など、業績とは無関係な「特別利益」も含まれていることがあるからです。もし、前期と比較して極端にＰＥＲの値が低くなっていた場合、決算短信の2ページ目以降をじっくりと読み、特別利益の有無について確認してみましょう。

反対に、当期純利益に「特別損失」が含まれていた場合、ＰＥＲの数値は高くなり、割高と判断されやすくなります。業績は順調に伸びているにもかかわらず、社債の償還期限などにより一時的に多額の返済が行なわれた場合、当期純利益は減り、ＰＥＲの数値は高くなりますが、これは業績が悪化したわけではなく、ＰＥＲの値が大きくなっても一概に割高とは判断しきれません。

最も大切なのは、後述する「ＰＢＲ」や「ＲＯＥ」など、ほかの指標と比較し、総合的に判断することです。ＰＥＲは確かに重要な指標ですが、ＰＥＲだけで株の売買を決定するのはあまりにも危険です。

●低PERランキング

順位	銘柄名	予想PER（倍）	現在値（円）（時刻）	前日比（円）
1	パソナG　2168（プライム）	0.8	2272（15:00）	-13　-0.56%
2	エイチワン　5989（プライム）	2.7	787（15:00）	+24　+3.14%
3	日本甜菜製糖　2108（プライム）	4.1	1984（15:00）	±0　±0.00%
4	三菱製紙　3864（プライム）	4.2	775（15:00）	-3　-0.38%
5	日本ケミコン　6997（プライム）	4.5	1572（15:00）	-18　-1.13%
5	三菱自動車工業　7211（プライム）	4.5	440.2（15:00）	+3.6　+0.82%
7	スターゼン　8043（プライム）	4.8	2729（15:00）	+3　+0.11%
7	東北電力　9506（プライム）	4.8	1262.5（15:00）	+26.5　+2.14%
9	日本冶金工業　5480（プライム）	4.9	4760（15:00）	+70　+1.49%
10	ミツバ　7280（プライム）	5	1068（15:00）	+13　+1.23%
10	KPP GHD　9274（プライム）	5	803（15:00）	±0　±0.00%
12	大日精化工業　4116（プライム）	5.1	2891（15:00）	+153　+5.58%
12	富士石油　5017（プライム）	5.1	468（15:00）	+12　+2.63%
12	古河機械金属　5715（プライム）	5.1	1930（15:00）	-6　-0.30%
15	東京きらぼしFG　7173（プライム）	5.4	4355（15:00）	+15　+0.34%
15	日産自動車　7201（プライム）	5.4	552.1（15:00）	-2.9　-0.52%
17	オープンハウスG　3288((プライム)	5.9	4621（15:00）	+22　+0.47%
17	富士製薬工業　4554（プライム）	5.9	1523（15:00）	+13　+0.86%
17	ダイコク電機　6430（プライム）	5.9	3430（15:00）	+80　+2.38%
17	阪和興業　8078（プライム）	5.9	6320（15:00）	+90　+1.44%
17	MIRARATH HD　8897((プライム)	5.9	580（15:00）	+16　+2.83%
22	グローバルLM　3486（プライム）	6	2406（15:00）	+65　+2.77%
23	曙ブレーキ工業　7238（プライム）	6.1	142（15:00）	-3　-2.06%
23	佐賀銀行　8395（プライム）	6.1	2487（15:00）	+72　+2.98%
23	北陸電力　9505（プライム）	6.1	1023（15:00）	+19　+1.89%

＊2024年5月17日の終値をもとに算出

企業の純資産から株価水準を計るPBR

株の割安感を探るための指標「PBR(Price Book-value Ratio)」は、日本語では「株価純資産倍率」といい、純資産に対する株価の比率から、株価の割安感を数値化して見極めることができます。

「株式会社が解散した場合、株主の手元に株主資本(現金)がどれくらい戻ってくるか」を示します。

PBRの求め方とは、簡単にいってしまえば「株価÷1株あたり純資産」となります。この計算式からは、「株式会社

●PBRの求め方

$$\frac{\text{株価}}{\text{1株あたり純資産}} = \text{PBR(株価純資産倍率)}$$

が解散した場合、株主の手元に株主資本（現金）がどれくらい戻ってくるか」がわかります。これがＰＢＲから推測できる株価の割安感なのです。

純資産が多ければ多いほどＰＢＲの数値は低くなります。そのため、解散時の株主還元を考えるとＰＢＲの数値は低いほうが株主にとってメリットがあります。逆に、ＰＢＲの数値が高ければ、解散時に株主の手元に戻ってくる残余財産の分配金は手持ちの株価の総額を下回ります。

このため、ＰＢＲをチェックする際は、解散時に利益も出なければ損もしない「１」という数値が基準値となります。ＰＢＲが１よりも低い数値なら解散時に株主への還元がある銘柄、１よりも高い数値なら解散時に損をする銘柄となります。

時価総額より純資産が多ければＰＢＲは１を下回り、株主にとっては割安となる数値ですが、ＰＢＲは低ければ低いほど良いのかといえば、そんなことはありません。実際に上場企業の「低ＰＢＲランキング」を確認し、その株価をチェックしてみれば、「低ＰＢＲ銘柄＝お買い得」という公式が成立しないことは明らかです。プライム市場でも、数値が1未満の低ＰＢＲ銘柄はたくさんありますが、その中には一日の取引量がほとんどない銘柄もあり、投資家たちが「お買い得」と考えているとはとても思えません。ＰＢＲがどんなに低くても買えない銘柄はあるのです。

経営が健全で事業も順調、安定して利益を出している企業、つまり「何の憂いもない企業」は、ＰＢＲの数値が１未満になることはほとんどありません。優良企業のＰＢＲが１未満となれば、「底値」と捉えられ、多くの投資家から買い注文が入って株価は上がり、ＰＢＲの値も１以上に戻るのがセオリーです。

ＰＢＲの数値が１未満となったまま戻らない銘柄は、経営に何らかの問題があり、ＰＢＲの数値が下がったまま戻らないのだと考えるほうが自然です。 こうした銘柄は、決算短信などには出てこない純資産中の「含み損」を投資家が嫌い、株が売られて株価が下がり、結果的にＰＢＲの数値が低くなっている可能性が高いのです。

たとえば、老朽化した生産設備などは、購入時の価格で純資産に組み込まれており、実際に売却すれば二束三文になるケースもあります。このため、決算短信には出てこない含み損がある銘柄は、株価の人気が下がり、ＰＢＲの数値がますます小さくなる傾向にあります。

低ＰＢＲの銘柄は景気が悪くなると注目を集める！

低ＰＢＲの銘柄は不景気の時に注目が集まります。２０２４年５月の時点の株式市場は、２０１２年から突入した円安の好影響が続いており、まずまずの活況を呈しています。そのため、１２９ページで紹介したＰＥＲの値が優秀な銘柄に人気が集まる傾向があります。今後、株式市場全体が低迷して低ＰＢＲの銘柄が注目を集めるようになった際、伸びてくる銘柄に注目しましょう。

ＰＢＲはＰＥＲやＲＯＥと比較して総合判断することが大切

ＰＢＲの数値が低い銘柄は、確かに割安という見方がある一方、市場がその会社に対し低い評価を与えているという見方もできるため、慎重に見極めましょう。実際にＰＢＲが１を下回っている会社の中には、業績が芳しくないところも数多く見受けられます。

くれぐれもＰＢＲだけを見て購入に踏み切らないでください。すでに紹介したＰＥＲや、１３５ページ以降で紹介するＲＯＥとＲＯＡの数値も確認し、総合的に判断することが大切です。

●低PBRランキング

順位	銘柄名	PBR（倍）	現在値（円）（時刻）	前日比
1	岩手銀行　8345（プライム）	0.22	2647（15:00）	+49　+1.88%
2	秋田銀行　8343（プライム）	0.23	2289（15:00）	+31　+1.37%
2	清水銀行　8364（プライム）	0.23	1560（15:00）	+17　+1.10%
2	東和銀行　8558（プライム）	0.23	651（15:00）	+7　+1.08%
5	日本製紙　3863（プライム）	0.24	1003（15:00）	-8　-0.79%
5	山形銀行　8344（プライム）	0.24	1120（15:00）	+23　+2.09%
5	大分銀行　8392（プライム）	0.24	3330（15:00）	+135　+4.22%
5	北日本銀行　8551（プライム）	0.24	2492（15:00）	+13　+0.52%
9	駒井ハルテック　5915（プライム）	0.25	1794（15:00）	+18　+1.01%
9	三十三FG　7322（プライム）	0.25	2055（15:00）	+17　+0.83%
11	アーレスティ　5852（プライム）	0.26	650（15:00）	±0　±0.00%
11	大垣共立銀行　8361（プライム）	0.26	2124（15:00）	+24　+1.14%
11	四国銀行　8387（プライム）	0.26	1080（15:00）	+11　+1.02%
11	栃木銀行　8550（プライム）	0.26	383（15:00）	+14　+3.79%
15	双葉電子工業　6986（プライム）	0.27	503（15:00）	+12　+2.44%
15	山梨中央銀行　8360（プライム）	0.27	1939（15:00）	+30　+1.57%
15	百十四銀行　8386（プライム）	0.27	3165（15:00）	+80　+2.59%
18	宮崎銀行　8393（プライム）	0.28	3175（15:00）	+60　+1.92%
18	トモニHD　8600（プライム）	0.28	407（15:00）	+7　+1.75%
20	愛知製鋼　5482（プライム）	0.29	3705（15:00）	+50　+1.36%
20	三協立山　5932（プライム）	0.29	857（15:00）	+11　+1.30%
22	加藤製作所　6390（プライム）	0.3	1314（15:00）	-10　-0.75%
22	プロクレアHD　7384（プライム）	0.3	1798（15:00）	-4　-0.22%
22	京葉銀行　8544（プライム）	0.3	798（15:00）	+16　+2.04%
25	福井銀行　8362（プライム）	0.31	1898（15:00）	-14　-0.73%

＊2024年5月17日の終値をもとに算出

株主資本から株価水準を計るROE

「ROE（Return On Equity）」という財務指標を使った分析です。**「株主資本収益率」と訳されるこの指標は、投資家が預けた資金をどれだけ有効に使って利益を生み出せたかを推し計る、極めて重要な指標です。**欧米の投資家はROEの優れた銘柄を投資対象に選ぶ傾向が強く、日本の株式市場においても高ROE銘柄の見極めは重要度を増しています。

PER、PBRに続く、株価の割安感を探るために使用する三つ目の財務指標がROEです。この指標は計算式に株価

●ROEの求め方

$$\frac{\text{親会社に帰属する当期純利益}}{\text{純資産の部合計}-\text{新株予約券}-\text{非支配株主持ち分}}$$

＝ROE（自己資本当期純利益率）×100（%）

●高ROEランキング

順位	証券コード	銘柄名	ROE（%）	業種	決算期
1	4393	バンク・オブ・イノベーション	162.22	サービス	2023/9
2	8848	レオパレス21	157.32	不動産	2023/3
3	3760	ケイブ	141.59	サービス	2023/5
4	6547	グリーンズ	124.84	サービス	2023/6
5	5130	ヒロHD	114.29	通信	2023/8
6	3989	シェアリングテクノロジー	92.6	サービス	2023/9
7	5250	プライム・ストラテジー	84.91	サービス	2022/11
8	6366	千代田化工建設	80.28	機械	2023/3
9	6835	アライドテレシスHD	78.71	電気機器	2022/12
10	6334	明治機械	77.3	機械	2023/3
11	9713	ロイヤルホテル	76.02	サービス	2023/3
12	4310	ドリームインキュベータ	74.01	サービス	2023/3
13	7080	スポーツフィールド	71.78	サービス	2022/12
14	2778	パレモ・HD	69.6	小売業	2023/2
15	9424	日本通信	67.09	通信	2023/3
16	7744	ノーリツ鋼機	66.91	精密機器	2022/12
17	3205	ダイドーリミテッド	65.74	繊維	2023/3
18	6034	MRT	65.3	サービス	2022/12
19	6094	フリークアウト・HD	63.26	サービス	2023/9
20	3092	ZOZO	60.12	小売業	2023/3
21	5244	jig.jp	59.78	サービス	2023/3
22	9218	メンタルヘルステクノロジーズ	58.76	サービス	2022/12
23	9107	川崎汽船	57.91	海運	2023/3
24	7187	ジェイリース	57.17	その他金融	2023/3
25	6562	ジーニー	53.96	サービス	2023/3
26	5868	ロココ	53.8	サービス	2022/12
27	3856	Abalance	53.77	電気機器	2023/6
28	5840	日本総険	53.76	サービス	2022/11
29	4346	NEXYZ.G	52.07	その他金融	2023/9
30	4395	アクリート	51.94	サービス	2022/12

＊2024年5月17日の終値をもとに算出

を使いません。そのため、変動する株価に惑わされることなく、純利益と株主資本の関係から割安感を見極めることができます。計算式は１３５ページの通りですが、この計算式の結果は、通期決算短信のサマリーにある「自己資本当期純利益率」と同じ数値になります。

借入金の多い会社はＲＯＡで見抜く

高ＲＯＥの銘柄は確かに魅力的ですが、注意すべき点もあります。それは「借入金」の有無です。借金を元手に多額の純利益を挙げた場合、借金を抱えたままＲＯＥの数値が大きくなるからです。株式会社は株を発行して資金を集める以外に、金融機関などからお金を借りて事業の資金を調達することも可能です。ＲＯＥにはこの借金が反映されないため、ＲＯＥだけに注目していると借金の存在を見逃してしまいます。

そこで、「ＲＯＡ（Return On Assets）」という指標に注目してみましょう。**ＲＯＡは日本語で「総資産利益率」などと訳され、当期純利益を総資本で割って求めること**

ができます。

四つの指標を比べてみよう

ここで紹介したROEとROAという指標に加え、先に紹介したPERとPBRをすべて突き合わせ、同時に俯瞰することで本当の検討材料となります。

どれか一つの指標が良い数値だからといって、軽々しく株の購入に踏み切っては危険です。

一つの指標だけなら「魅力ある投資対象」に見えても、別の指標では高リスクと判断できるケースがあるからです。

●ROAの求め方

$$\frac{\text{当期純利益}}{\text{総資本（総資産）}} \times 100\ (\%)$$

$$= \text{ROA（総資産利益率）}(\%)$$

●高ROAランキング

順位	証券コード	銘柄名	ROA(%)	業種	決算期
1	4393	バンク・オブ・イノベーション	97.12	サービス	2023/9
2	5250	プライム・ストラテジー	50.87	サービス	2022/11
3	6034	MRT	44.68	サービス	2022/12
4	1518	三井松島HD	44.13	鉱業	2023/3
5	3925	ダブルスタンダード	41.94	サービス	2023/3
6	9341	GENOVA	41.64	サービス	2023/3
7	6200	インソース	40.33	サービス	2023/9
8	3092	ZOZO	40.08	小売業	2023/3
9	3991	ウォンテッドリー	38.62	サービス	2023/8
10	3989	シェアリングテクノロジー	38.27	サービス	2023/9
11	9107	川崎汽船	38.09	海運	2023/3
12	3496	アズーム	36.44	不動産	2023/9
13	7176	シンプレクス・ファイナンシャル・ホールディングス	36.03	その他金融	2023/3
14	9384	内外トランスライン	35.36	倉庫	2022/12
15	9218	メンタルヘルステクノロジーズ	35.22	サービス	2022/12
16	7374	コンフィデンス・インターワークス	34.79	サービス	2023/3
17	7080	スポーツフィールド	34.58	サービス	2022/12
18	2124	JAC Recruitment	34.38	サービス	2022/12
19	3902	メディカル・データ・ビジョン	33.55	サービス	2022/12
20	3854	アイル	32.93	サービス	2023/7
21	9101	日本郵船	32.37	海運	2023/3
22	4800	オリコン	32.24	サービス	2023/3
23	2222	寿スピリッツ	31.96	食品	2023/3
24	2491	バリューコマース	31.92	サービス	2022/12
25	7839	SHOEI	31.68	その他製造	2023/9
26	9424	日本通信	31.3	通信	2023/3
27	6857	アドバンテスト	31.28	電気機器	2023/3
28	2371	カカクコム	31.21	サービス	2023/3
29	4519	中外製薬	31.17	医薬品	2022/12
30	4395	アクリート	30.68	サービス	2022/12

＊2024年5月17日の終値をもとに算出

購入を検討する候補となった銘柄は、四つの財務指標をすべて抜き出し、表にまとめて見比べてみましょう。下の表のような検討ができるはずです。

表を使った比較から各指標の数値を十分に検討したら、さらに第2章で紹介した経済指標から見えてくる経済の先行きも検討し、どの銘柄が有望なのかをじっくりと吟味しましょう。

突出して悪い数値がなく、できるだけバランスが取れた指標がより良いといえるでしょう。

●四つの指標を比較する

	PER	PBR	ROE	ROA	分析
A社	13倍	0.8倍	16%	9%	経営効率は良いが、投資家からの評価は低く、株価が安値圏に放置されている
B社	35倍	2倍	25%	3%	経営効率に優れ、投資家からの人気も高いが、借入金が多い
C社	25倍	5倍	8%	6%	投資家からの人気は高いが、経営効率は良くない

今、ＰＢＲ１倍割れ銘柄が注目されている

東京証券取引所の半数近くの上場企業が、ＰＢＲ１倍割れという状況になっています。財務内容に問題があったりとか、収益力が悪いというわけではありません。**つまり、割安に放置された銘柄がゴロゴロしているということです。**

このような状況に対し、２０２３年、東京証券取引所は「市場区分の見直しに関するフォローアップ会議」の内容を公表。その中で投資家にとって興味深い内容があります。ＰＢＲ１倍割れの企業に対し、企業価値を高める取り組みや進捗状況を開示するように強く要請したことです。

もっとも東証はＰＢＲだけでなく、株主資本コストにそのほかの株価や時価総額、ＰＥＲについても指摘したのですが、なぜかメディアはＰＢＲだけをクローズアップして伝えています。

東証の狙いとしては、上場企業の企業価値を高め、それによって投資家に大きなリターンをもたらす。そして、そのリターンが再投資され、好循環を生み、株式市場の

魅力を高めたいという思惑があります。

いずれにしろ、上場企業、とりわけPBR1倍割れの企業は、もっと投資家にとって魅力ある投資先になるよう圧力をかけられたのです。そこで企業は、株価を上げる対策を取らざるを得なくなりました。

具体的には配当性向を高める＝配当を多くする、自社株買いを行なうなどといった対策を取ることになります。

自社株買いは株価を上昇させる

自社株買いとは、文字通り株式を上場させて株を売り出した企業が、自社の株を買い戻す行為をいいます。自社株買いが行なわれると発行済み株式数が減少するため、「1株あたりの利益」「1株あたりの資産」は増えます。株主からすれば、1株あたりの利益配分が増えることになるわけです。

ROEやPERがより良くなるため、投資先としても魅力が高まり、株価が上昇しやすくなります。

企業が自社株買いを発表すると、株価上昇への期待から投資家からの買いが入りやすくなります。

スクリーニング機能で有望銘柄を選び出す

これまで紹介してきた各指標は、証券会社や株式関連のサイトなどで検索できます。PERなら「低PERランキング」と検査すれば、それに見合った情報は得られます。

さらに、PERだけでなく、PBR、配当利回りといった複数の指標を組み合わせてチェックすることもできます。

証券会社のサイトでは、「スクリーニング機能」が備わっています。スクリーニングとは「ふるい」という意味です。自分がチェックしたい指標ごとに条件をつけて、マッチした銘柄をふるいにかけるのです。

たとえば、

「PER　8倍以下」
「PBR　1・5倍以下」
「配当利回り　3・5％以上」

といったようにチェックしたい指標ごとに、最低限欲しい条件を入力します。ふるいにかける項目はいくつでもかまいません。そのスクリーニング機能に備わっている項目がMAXになります。項目はほかにも「時価総額」「売上高変化率」「自己資本比率」など多岐にわたります。

項目を増やし、また条件を厳しくすればするほど、ふるいにかけられて抽出される銘柄数は少なくなります。**厳しい条件で抽出された数少ない銘柄は、数が少ない分、それだけ有望銘柄といえるでしょう。**

上場基準を満たすために株価対策

2022年4月、東京証券取引所が再編されました。それまで東証一部、東証二部、ジャスダック、マザーズに区分されていた市場は、「プライム」「スタンダード」「グロース」の3市場に再編されたのです。

それぞれの市場には上場維持基準が定められていて、基準に満たなければ一定期間の間に基準を満たすか、そうでなければ上場廃止となります。

●プライム市場の上場維持基準

2022年4月4日時点	
項目	上場維持基準（プライム市場）
株主数	800人以上
流通株式	流通株式数2万単位以上、 流通株式時価総額100億円以上 流通株式比率35%以上
売買代金	1日平均売買代金が0.2億円以上
純資産の額	純資産の額が正であること

●スタンダード市場の上場維持基準

2022年4月4日時点	
項目	上場維持基準（スタンダード市場）
株主数	400人以上
流通株式	流通株式数2,000単位以上 流通株式時価総額10億円以上 流通株式比率25%以上
売買高	月平均売買高が10単位以上
純資産の額	純資産の額が正であること

●グロース市場の上場維持基準

2022年4月4日時点	
項目	上場維持基準（グロース市場）
株主数	150人以上
流通株式	流通株式数1,000単位以上 流通株式時価総額5億円以上 流通株式比率25%以上
売買高	月平均売買高が10単位以上
時価総額	40億円以上（上場10年経過後から適用）
純資産の額	純資産の額が正であること

かつての東証一部銘柄の中でも、プライム市場の上場維持基準に満たず、およそ2割の企業がスタンダード市場を選択したといいます。

ただ、上場基準に満たなくても暫定的に上場を認める「暫定措置」が設けられています。経過措置は2022年4月の市場再編から3年で終了し、その後さらに1年間の改善期間が設けられました。

プライム市場だけでも200社超、各市場で1～2割の企業が、経過措置の中で上場を認められていました。これらの企業は2026年3月までに上場維持基準を満たす努力を行なうことになります。

上場基準で最も満たされていないのが流通時価総額だといわれています。この流通時価総額だけでなく、上場基準を満たすにはほとんどのケースで株価対策が有効になります。**対象となる企業は、配当性向を高めたり（増配）、自社株買いを行なったりして株価を上げる施策を立てます。**つまり狙い目の銘柄となるわけです。

第5章

1億円を作るために学ぶべき買い&売りの極意とは

株価が変動する理由

株式投資で資産を築くには、良い銘柄を選び出すだけでは不可能です。たとえ良い銘柄であっても一本調子に株価が上昇するとは限らないのです。

株価は上げ下げを繰り返します。その価格の軌跡は、いわば「波」を形成していきます。それも小さな波、大きな波が複雑に絡み合って上げ下げを繰り返していきます。

そのため、効率良く、そして確実に資産を積み上げるには、売買のタイミングをうまくつかむことに尽きます。

うまく「波」に乗れるか否か、それにはなぜ株価が上げ下げするのか、そのメカニズムを知っておくことです。

モノの価格は最終的には需給で決まります。「買いたい」という投資家が、「売りたい」投資家の数（×株数）を上回れば株価は上がります。その「買いたい」「売りたい」と投資家に思わせるものには外部要因もあります。

外部要因は世界や国内の景気、政治情勢、金利、為替など。投資家という名の「大衆」は、時には不合理な行動に出ることすらあります。
「行きすぎもまた相場」という格言もあるくらいです。
一時的な感情に流されず、情報を的確に分析し投資行動を起こすことです。

「推奨銘柄」にはどう対処するか

雑誌やネットに株式投資の評論家といった類の方々が、よく「推奨銘柄」として銘柄名を挙げています。こういった情報に、どう対処したらいいのでしょうか。

私も銘柄の推奨を配信しているのでアタマから否定するわけにはいきませんが、まずその情報を鵜呑みにして売り買いするのはリスクが伴います。

推奨されている銘柄は、たいてい銘柄のみか、せいぜい目標値だけが表示されている程度でしょう。

ただ記事を鵜呑みにして、うまく一本調子に株価が上がったとしても、いつ売却したらいいかの判断がつきません。株式投資を長らく経験している方にはおわかりいただけると思いますが、**株は買うより売りのタイミングを計るほうが難しいものです。**

そこで、「株価がいくらまで上昇したら売る」「○月○日くらいまでに、決済する」「損切りは○○円で」とあらかじめシナリオを描いておくといいのですが、ただ他人からの推奨を真に受けて投資したりしたら、そのシナリオの描きようがありません。

推奨した人の思惑を読む

中にはネットの掲示板に、怪しげな情報が流れたりします。知り合いで、暇つぶしにチェックしている人物がいますが、怪しげな話の中にごくまれに企業の内部情報、それも企業の中でもごく一部しか知り得ない極秘ネタが紛れ込んでいるといいます。ただ、そういった事例はごくわずかで、あとはガラクタの類。**ネットでは真偽のほどなど判断がつかないので、スルーするのが賢明だと思います。**

推奨する側の思惑を考えてみてください。

見知らぬ人間に、本当に得な情報を与えるものでしょうか。ネットなどで煽《あお》られた情報は、たとえば情報源の人間が先にその銘柄を仕込んでおいて、そのあと、その株を上げる目的があると見るのが自然でしょう。

ちょっと昔話をさせてください。

私自身、投資歴が長く、ネット取引がスタートする前の対面取引の経験があります。少額の資金しかない、いわゆる証券会社の隠語でいう「ゴミ投資家」でしたが、回転良く売買を行なっていたので、そこそこ良い上客だったのでしょう。新規公開株がある時など、優先的に回してくれました。買いたいという方には抽選で、という建て前でしたが、担当の営業マンが私に売ってくれたのです。

ある証券会社の窓口に新規公開株を買いつける資金を直接持参した時です。最初に応対してくれた女性社員に、

「〇〇株の買いつけ代金を持ってきました」

と告げると、

「これからの抽選で、買えるかどうかわかりませんが」

と言っているところへ担当営業マンがあわてて駆けつけ、

「ヤスツネさんの分は、ちゃんと取ってありますから」

と告げてくれたこともありました。

個人投資家が「食いモノ」にされる手口

「濡れ手で粟《あわ》」のように儲けられる新規公開株を回してくれる営業マンに「お返し」も忘れません。証券営業マンにはノルマがあります（ありました）。証券会社自らが保有している株、あるいは何らかの利害関係で、どうしても値を上げたい株を顧客に買わせるためのノルマです。その株は、直後に下げることがわかっていたのですが、私は損を覚悟で、証券マンに恩を売るためにあえて買ってあげることが多かったのです。

証券会社には自己売買部門があります。証券会社自身が投資家となって株の売買を行なうのです。そうすると、自分たちで保有した銘柄の株価を上げるために、顧客に強く推奨して買わせるのです。**これを業界内で「はめ込み」といいます。**

しかも、はめ込みされる顧客にも順番があります。

まずは自分たちと深いつながりがある、あるいは上得意先の機関投資家に「この株は上がりますよ」と買わせます。結果として株価は上昇します。しかし、そのままではいつか株価が下落してしまうので、機関投資家に損をさせるわけにはいきません。

そこで次に、個人投資家の中でもかなり資産家の優良顧客に買わせます。そのため、まだ株価は上昇します。

そして最後に「ゴミ投資家」である一般の投資家です。さらに株価は上がりますが、ほぼピークが近づいています。**多くの「ゴミ投資家」は高値づかみさせられる結果となります。**次々と顧客に買わせて、最後に損失を被るのは多くの個人投資家という構図が当時はありました。株式投資には、「ババ抜き」のような側面もあったのです。

「食いモノ」にされないためには

話はもとに戻りますが、では専門家の推奨銘柄やネット上の匿名の書き込みにはどう対処したらいいのでしょうか。**結論をいえば、掲示板などの書き込みには、あまり近づかないほうが賢明だとは思います。**

どうしても気になるのでしたら、まず自らしっかりとその企業について調べます。本書ではここまでに、企業のチェックのやり方を紹介しましたが、その基本を忠実に守ることです。

私がサイトで推奨銘柄を配信している週刊の短期売買（株・銘柄選びの極意『今週

のイッパツ勝負』）では、「半年で資産を倍増させた」という声が届いています（私のほうにではなく、共同で運営している「ミスターX」のほうにですが）。

検証してみると、毎週推奨している銘柄（短期売買）を機械的に売り買いしているだけでは、「半年で運用資金を倍増」させるのはさすがに難しいのではないでしょうか。平均で3～5％の利益を毎週出しているとはいえ、それはあくまで机上の計算。実際には、机上の計算では出てこないリスクも存在します。**銘柄を詳しくチェックしてできるだけ損を小さくし、利益をできるだけ大きく膨らませる必要があります。**

株式格言にもあります。

「金のなる木は水では生きぬ。汗をやらねば枯れていく」

「クロテン」銘柄は狙い目

株価が大きく反応するのは、「変化」が起きた時です。たとえば、増益か減益かのニュースには反応します。**中でも赤字から黒字に転換する「黒字転換銘柄」、通称「クロテン」銘柄の株価は上昇力が強いでしょう。**

たとえば、

A社　営業赤字が2億円から1億円赤字が縮小して営業赤字1億円
B社　営業赤字5000万円から営業黒字5000万円に浮上
C社　営業益1億円から営業益2億円に増益

もちろんこの3社の規模にもよりけりでしょうが、一般に株価が大きく反応するのは、B社でしょう。赤字→赤字、黒字→黒字より、赤字→黒字のほうが投資家に与えるインパクトは大きいのです。

逆のパターンで、黒字→赤字の場合、マイナスの衝撃は大きいものとなります。

次ページ下のチャート図を見てください。

キノコの生産・販売を行なうホクト（1379）のチャート（日足）です。2023年3月期の決算では、29億4800万円の営業赤字を叩き出していました。しかし、その時の決算発表では、2024年の業績予想は営業利益19億2000万円の営業黒字化を業績予想として出していました。

ですが、この時、株価は反応しません。2021年に2000円台を割った株価はその後じりじりと値を下げていきます。2023年末には1700円割れ寸前まで下げました。

　年が改まって黒字転換が意識し出され、株価は上向きます。

　3月8日。第3四半期決算短信の発表が終わったあとに、「業績の上方修正」がリリースされます。営業益19億2000万円の予想は27億円に引き上げられました。

　それまで黒字転換にも懐疑的だった投資家がいるなか、黒字転換を確信した投資家から買いが入り、株価は急騰します。

　5月10日、2024年3月期の本決算が発表され、営業利益の実績値は31億8000万円で、さらに上振れ。しかし株価の反応は、3月9日ほどではありませ

●ホクト（1379）のチャート

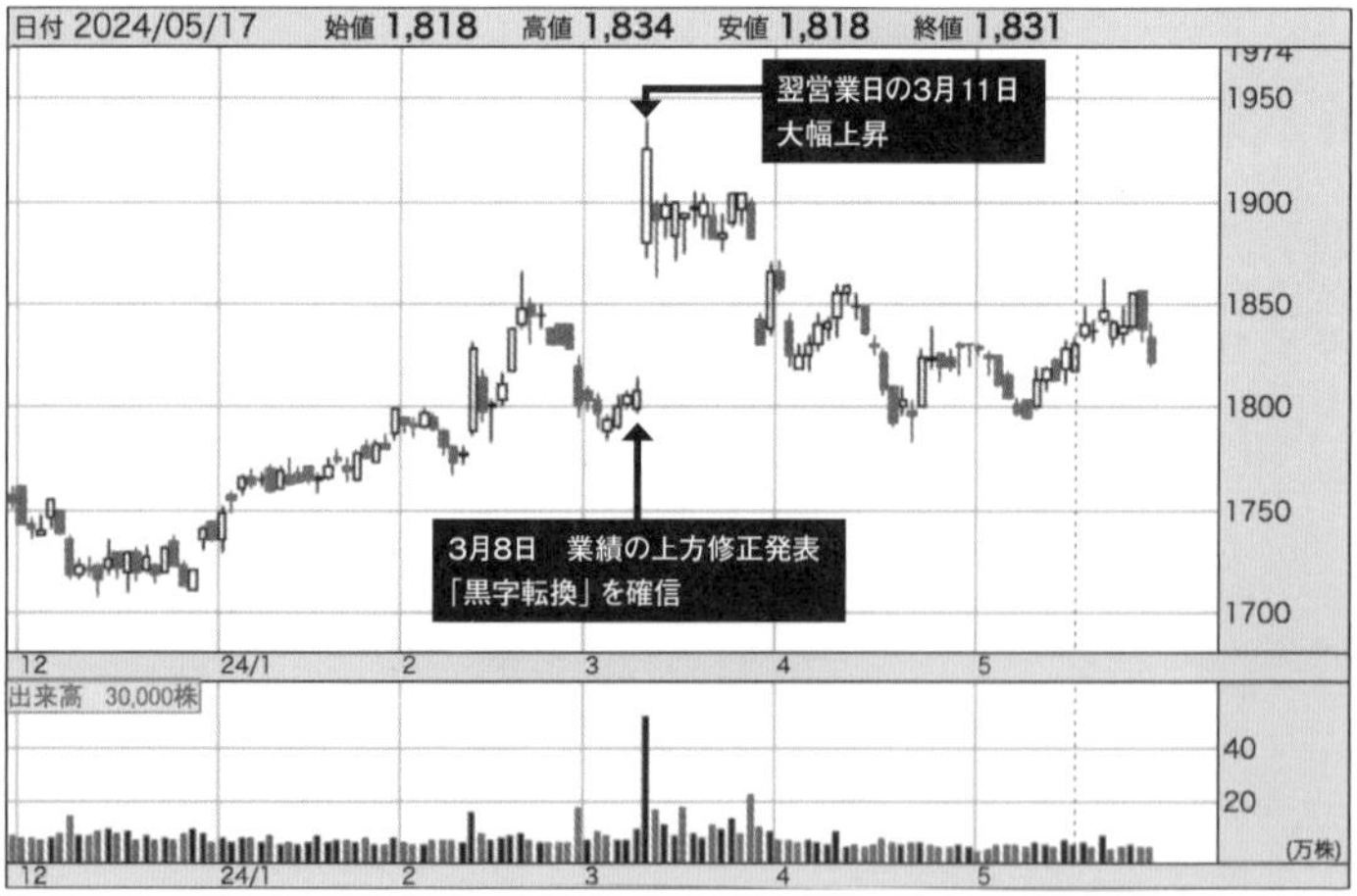

出典：「株探」（https://kabutan.jp/）

んでした。わずかながらも２０２５年3月期は、増収増益の予想を出していますが、「クロテン」ほどインパクトはなかったようです。

「出遅れ株」「つれ安株」は狙い目

株式市場では、その時どきの旬のテーマに沿って物色される業種に偏りが出てきます。たとえばコロナ禍明けの時はレジャー関連に注目が集まり、ロシアによるウクライナ侵攻、そして台湾有事が問題視された時は防衛関連銘柄が買われました。

そして、ごく最近では半導体関連銘柄が物色されたりしました。

株式市場で注目される業種は次々と変わっていきます。これを特に「循環物色」といいます。

相場のテーマとなった業種でまず物色されるのは、その業界の中でも、まずはど真ん中の大手企業、本命企業です。そして時間をおいて、その周辺の企業に物色の対象が広がっていくようになります。

たとえば半導体関連では、アドバンテスト（６８５７）や東京エレクトロン（８０

35）、ローム（6963）、レーザーテック（6920）といった本命株から、やがて周辺の部品や原材料関連企業へと広がっていきます。

本命株が物色されて高値をつけたのは2023年春先でした（レーザーテックなどは、株価が10倍に成長したテンバガーとなっています）。

ところが、周辺銘柄で原材料を扱っている関連銘柄は、一呼吸置いて買いの対象となっているのです。たとえば半導体ウェハーでは、世界トップの信越化学工業に買いの矛先が向かって株価が急上昇したのは、2023年末から24年にかけてです（もっとも2024年3月期が減収減益だったこともありますが）。

株価が急騰した業種があれば、その中から株価上昇に出遅れている周辺銘柄にターゲットを絞るのもいいでしょう。

事業は好調なのに市況の悪化で値を下げた株も狙い目

突然の「業績の大幅な下方修正」の発表で株価が急落した銘柄がありました。すると、同じ業種で同じ製品を扱っている企業の株までつられるように株が下落することも珍しくありません。つられて株価を下げた企業の業績そのものには何ら問題がないのに、です。

これを「連想売り」といい、「つれ安」となったわけですが、**つれ安となった銘柄は、すぐに値を戻す傾向にあるので、底値で拾って短期で利益を確定させる戦術もあります。**

つれ安は、同業他社の急落だけでなく、市況が悪くつられて値を下げたケースもあります。その企業の業績そのものは好調なのに、市況の地合いが悪く、相場全体が下げるなかで周りにつられて下落するパターンです。このケースも短期で利益を得るチャンスといえます。

購入した株が値下がりした時は

「この銘柄は有望だ！　必ず値上がりする」と確信して購入したのに、値下がりしてしまった……。よくあるパターンで、初心者だけでなくベテラン投資家でもよくあることです。だから、そういった局面に遭遇しても冷静に対処しましょう。

まず、株価が思惑と違って値下がりしてしまった原因を探ります。

業績が悪化して株価が下落したのか、単に市況が悪くなってつれ安したのか、物色の対象が他業種に広がったのか。原因によってベストな対処法は変わってきます。業績が悪化したのであれば、それは一時的な要因なのか、それとも根本的な問題なのか。一時的な要因であれば、そのままホールドするか、あるいは資金に余裕があれば買い足しして買いコストを下げるやり方（ナンピン買い）もあります。

ナンピン買いのポイント

購入した株が思惑と違って下落した時、同じ銘柄を安くなった段階で買い増す手法を「ナンピン買い」といいます。

たとえば、1000円で購入した株が900円まで下落したとします。同じ株数を900円で買い増ししたなら平均取得単価は950円まで下がります。1000円まで戻すには時間がかかっても、950円まで戻すのは時間的なロスを防げます。短時間で1000円まで値が戻れば、利益も乗るわけです。

この手法は、いずれ短期間のうちに値が戻るという確信のもとに行ないましょう。株価が下落して1000円から900円まで下がった時、そこが下げ止まりと思えたところでナンピン買いをしましょう。**ただし、さらに下落するリスクを秘めているので、タイミングを見誤ると、より傷口を広げる結果を招きかねません。**

ナンピン買いする余裕資金があるのなら、同じ銘柄でやらなくても別銘柄でナンピンする手法もあります。**もっと有望な銘柄が見つかれば、その銘柄を買って、株価が上がったところで合わせ売りして損失を消すやり方も候補の一つ。**

有望な銘柄がほかにあったら、９００円で損切りして、そちらに乗り換えるのも候補の一つ。どのやり方が正しいか、その時どきの状況によって違います。正解はやってみないとわかりません。柔軟な思考と、冷静な状況判断が求められます。

大きな利益を狙う「集中投資」、リスクを軽減させる「分散投資」

たとえば、１５０万円の投資資金があったとします。A株に１５０万円を投資するか、A株、B株、C株にそれぞれ50万円ずつ投資するか。

どちらが良いか、これも正解がありません。

前者は「集中投資」といい、株価が上がれば利益は大きくなります。ただ、株価が下落した時は、損失も大きくなります。

その点、後者の投資は「分散投資」といい、リスクを軽減させる効果があります。たとえA株が下落したとしてもB株、C株で埋め合わせすればいいという考え方です。

A株、B株、C株がそろって下落するケースはなく、大きな利益は得られなくても、リスクを軽減して大きな損失をなくそうという考え方です。

これは投資家自身の価値観やどこまでリスクを取れるかということで判断します。

もし、これは大きな勝負をかけられるほどの有望な銘柄を発掘した時などには、集中投資という手法を選択してもいいかもしれません。

売り時を逃しても冷静さを失わない

株は買いを入れるタイミングより売るタイミングのほうが難しいというのが一般的な認識です。**その理由の一つに株価が上がる時のスピードより、株価が下落する時の**

ほうが早い傾向にあるというのもあります。

加えて、投資家心理もそこに働きます。投資家としては、どうしても高値で売り抜けたい、できれば天井で売りたい……株式投資が利益を挙げる目的で行なう以上、その心情は理解できます。

そして、売ろうかという水準に株価が上がった時でも、「このあと、さらに上昇するかもしれない」という悪魔のささやきが耳元で聞こえます。こういうケースでは、「売ったあとにさらに株価が上がって悔しい思いをした」という苦い体験が心のどこかに残っていることもあります。

逆に「まだまだ上がる」と欲をかいたため、株価が下落に向かった時、そのピークの価格に戻ってほしいという未練が判断を鈍らせ、売り時をさらに逃してしまう結果になります。

いずれにしろ、精神的なコントロールが利かずに、冷静な判断ができなくなった結果といえるでしょう。

こういった事態を避けるには、「そこそこ利益を挙げられればいい」という謙虚な気持ちで株式投資に臨むことです。

「鯛の頭と尻尾はくれてやれ」という投資格言もあるくらいです。
「底値で買って、天井で売る」と思っても至難の業《わざ》。着実に利益を積み上げるには「腹八分目」で満足することです。

株価のピーク、株価の底値を知る方法

とはいっても、できるだけ天井圏で売り抜けたい、底値圏で買いつけたいという願望は投資家なら誰でも持っています。

そこで、高値圏で現れるシグナル、底値圏で現れるシグナルを紹介しましょう。

株価が上昇しピークが近づくと、そこで現れる現象に「出来高が急増する」というのがあります。

出来高とは、一日なら一日という一定期間のうちに取引された株数のことで、「売買高」ともいいます。株価の上昇が続き、ピークに向かって上昇カーブが急角度になった時、出来高が急増します。これが株価がピークに近づいた時のシグナルになります。

その反対に、底値圏で出来高が急増する局面が時おり現れます。**底値から反転上昇**

にＶ字型を描く時、必ずしも出るわけではありませんが、底値圏で出来高が急増したら株価が上昇に向かうシグナルです。

この現象を特に「セリングクライマックス」といい、株が売り尽くされる下落相場の最終局面です。

出来高の確認は、チャート図の下の棒グラフで示されます。

この高値圏で出来高が増えるメカニズム、底値圏で起こるセリングクライマックスのメカニズムは、このあとに紹介する「信用取引」と深くかかわってきます。

●株価ピークで出来高急増〜下落のシグナル

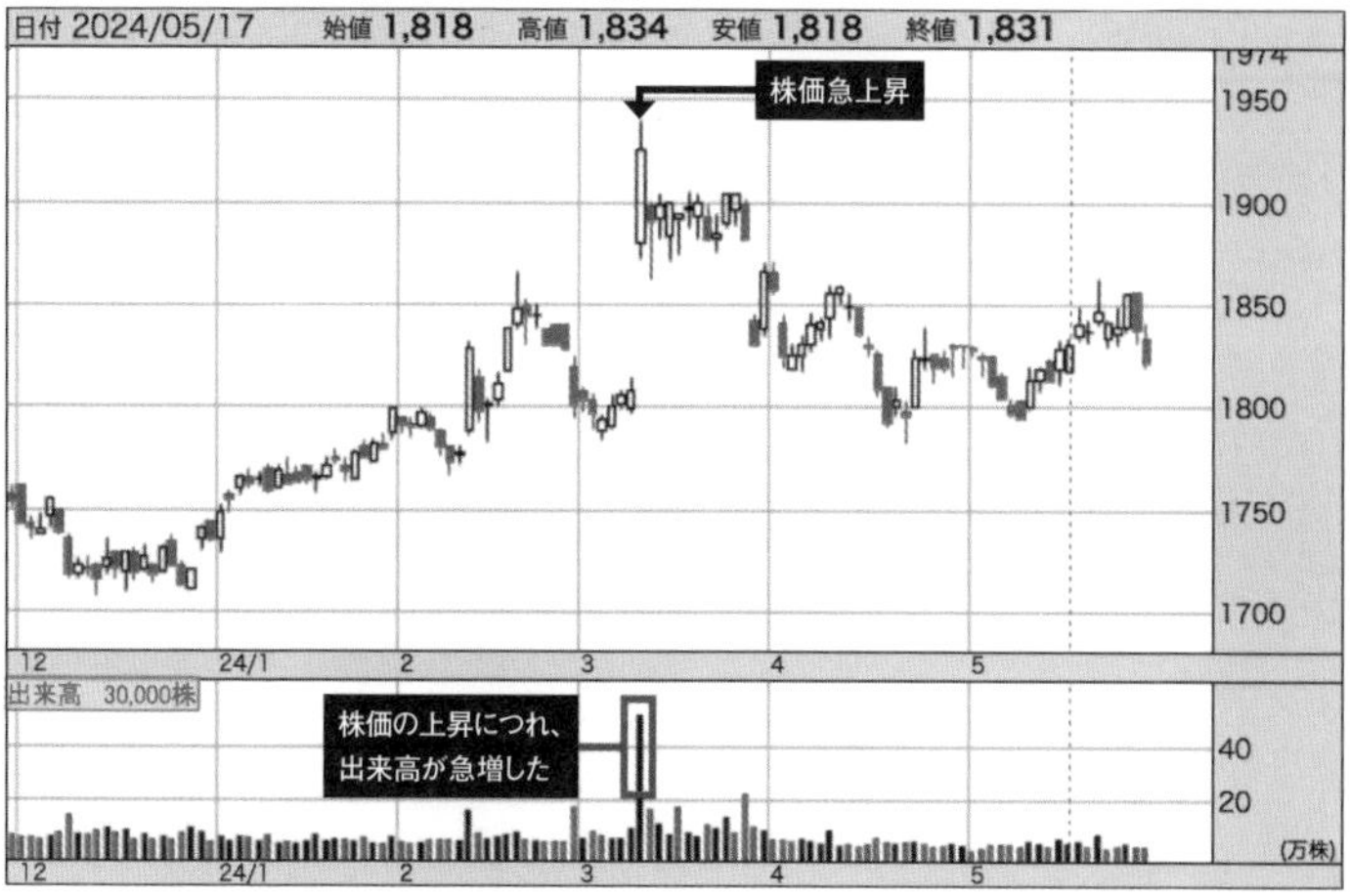

出典：「株探」(https://kabutan.jp/)

信用取引の仕組みを知っておこう

株式投資はその投資手法にもよりますが、「ハイリスク・ハイリターン」の部類に入るとされていますが、究極のハイリターン投資の一つを説明しておきます。

ハイリスクのため、特に初心者にはお勧めできませんが、実は株価の動きを予測することに関係してくるので敢えて説明しておきます。

「信用取引」——一言でいえば、限界がある資金の、さらに何倍もの取引を行なえるシステムです。信用取引はまず担保金を支払い、証券会社から担保金の何倍もの買いつけ資金や、売却用の株券を借ります。その資金をもとに信用取引をはじめます。

利益が何倍にもなる

たとえば現物取引で100万円の資金で現物株を購入し、110万円で売却すれば10万円の利益となります。一方、100万円を担保金にして300万円の信用取引を行なった時、330万円で売却、300万円を返済すれば30万円の利益が残ることになります。

しかしリスクも大きくなります。思惑と違った時は、逆に損失も何倍にも膨らむことになります。

株価が下がった時に利益が出る

信用取引のもう一つの特徴として、株価が下がった時に利益が出る取引があるということ。これを「信用買い」または「空売り」といいます。これは先に株を売って、あとになって株を買い戻すのです。値下がりした分、利益が出ます。

具体的に説明しましょう。

10万円で取引されている銘柄があります。

「この先、この株は値下がりする」と投資家が予測した時、その投資家は株券を借りてきて株式市場に売りに出します。思惑通り株価が６万円に値下がりしたとして、その時その株を株式市場から買い戻すのです。そして株を返せば、差し引き４万円のお金が残り、それがそのまま利益となるのです（売買手数料は除きます）。

●株価が下がって利益が出る信用買い

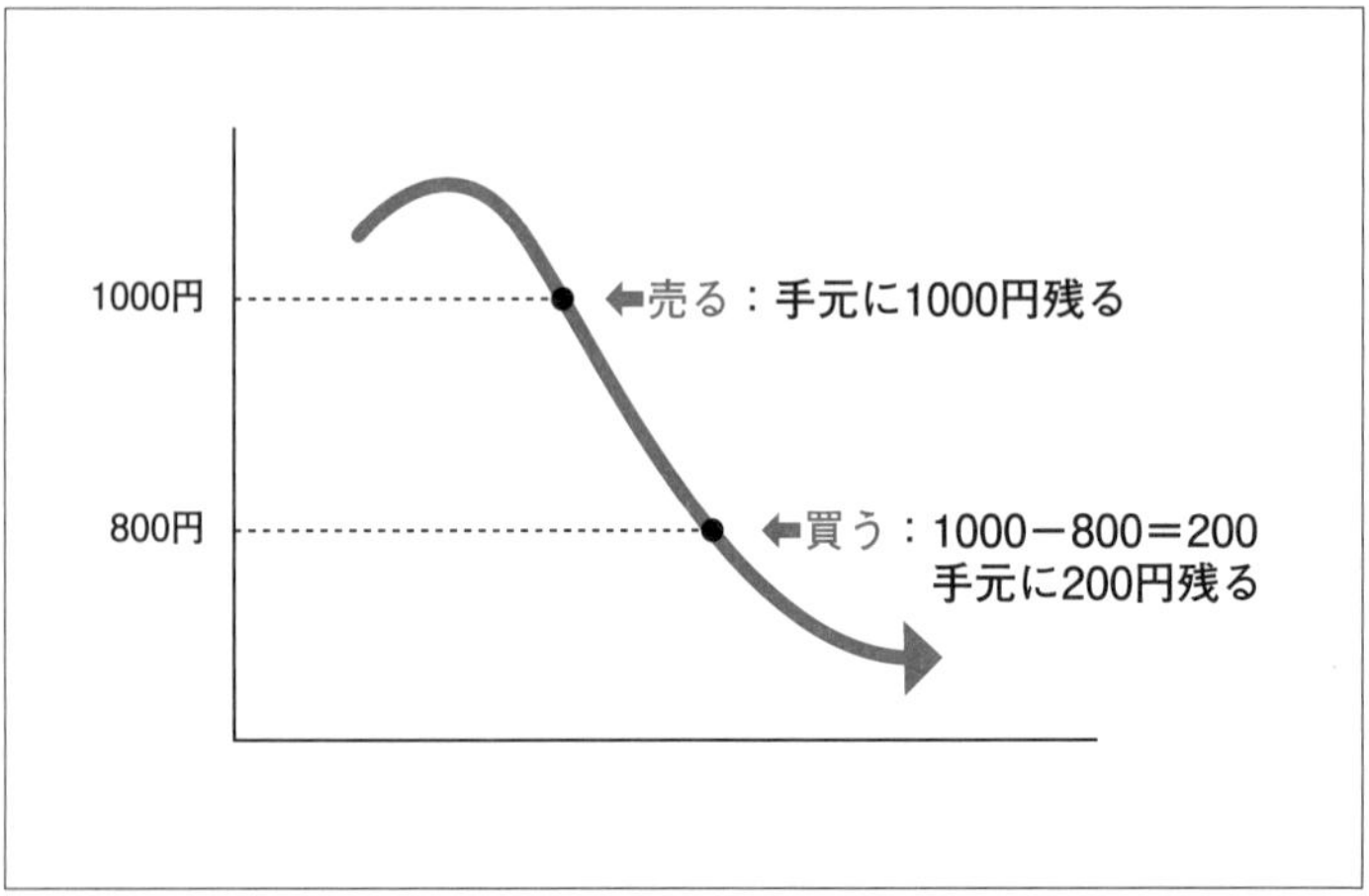

●株価が上昇で損失が出る信用売り

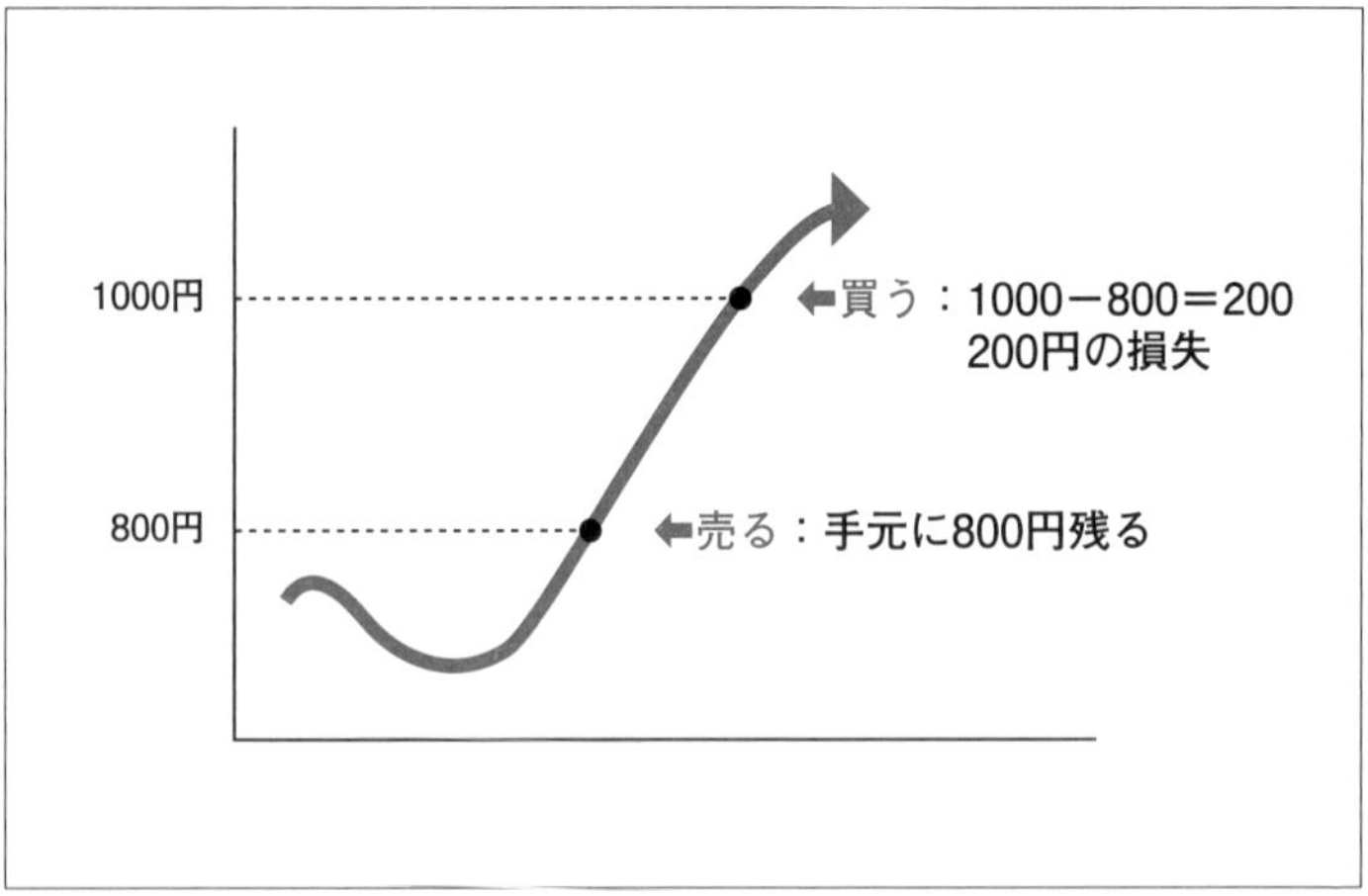

信用売りも、信用買いと同じようにハイリターンですが、リスクも大きくなり、損失も膨らみます。

信用取引のリスク

信用取引のリスクについてもう少し詳しく説明しておきます。

それは「売り」から入った時のケースです。株を買って下落した時は、下落に限度があります。株価が下落したとしても、０円より下がることはあり得ません。

ところが、空売りした時、株価の上昇には限界はありません。理論上は損失は無限に広がることになるわけです（実際には強制決済されるので、損失は限定的にはなりますが）。

預けた担保金には「最低保証金維持率」が証券会社ごとに決まっています。たとえば、最低保証金維持率が20％に設定されていたとしましょう。

50万円の担保金で１５０万円の取引を行なったとします。最低保証金維持率はおよそ33％。ところが１５０万円の株価が１００万円に値下がりしたら、維持率は20％に低下します。さらに株価が値下がりすれば、維持率は20％を割ってしまいます。

最低保証金維持率を下回ってしまった場合、投資家は決済してしまうか、不足した保証金を「追加保証金（追証《おいしょう》）」として証券会社に支払わなければなりません。

追証を入金しないまま放置しておくと、証券会社の判断で強制決済させられてしまいます。損失が確定してしまうのです。

保証金の維持率、強制決済されてしまうタイミングなどは、証券会社ごとに定められています。

●底値圏で出来高が急増することも

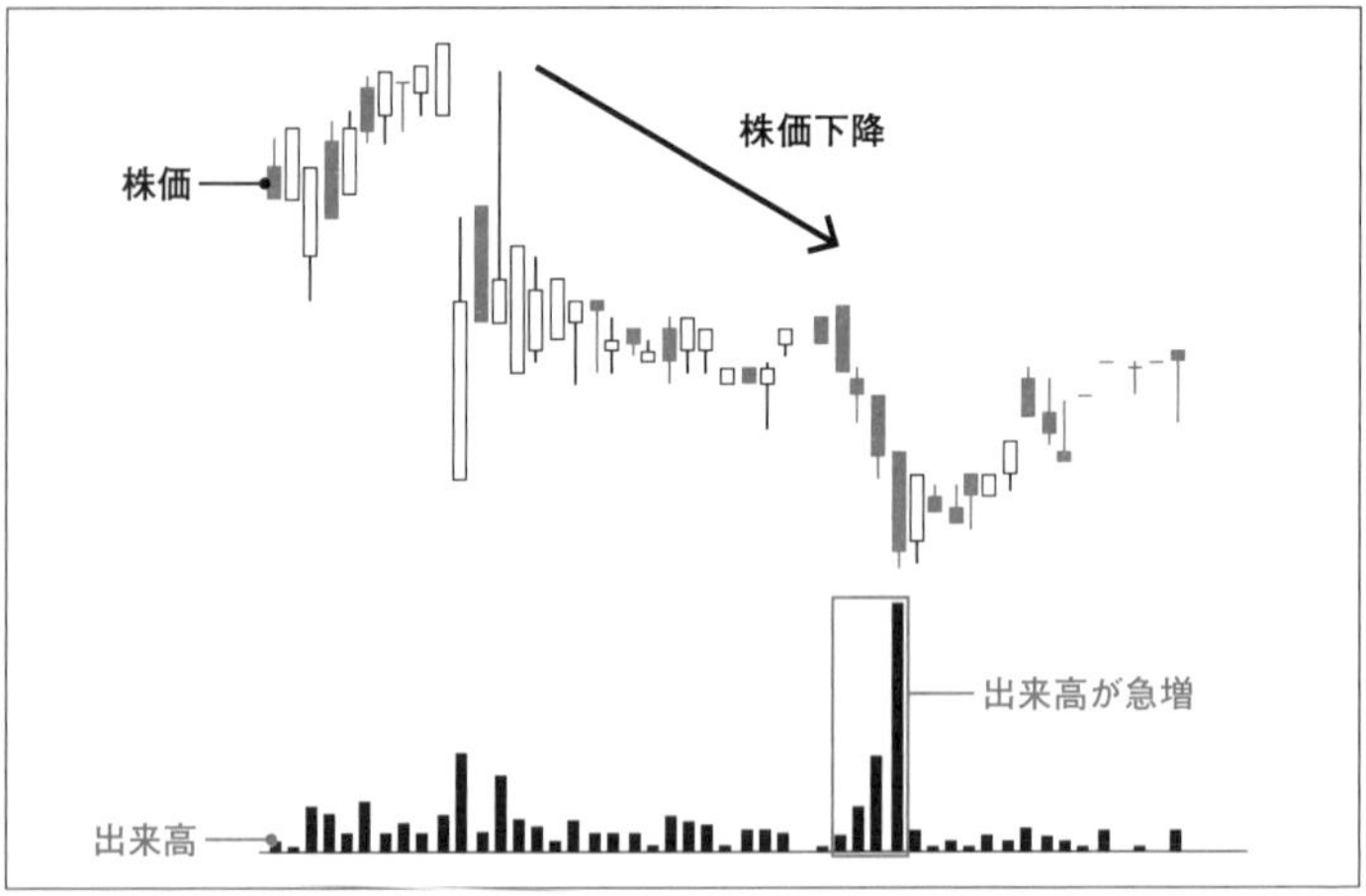

「買い残」「売り残」で株価の行方を読む

これまで信用取引の説明を行なってきましたが、初めに「お勧めしません」と断っていました。では、なぜ説明したのかというと、それは、信用取引の状況が株価に影響を与えることになるからです。

決済が終わっていない信用取引の株数を、信用買いの場合は「信用買い残」（以下、買い残）、信用売りの場合は「信用売り残」（以下、売り残）といいます。**市場に残っている取引残高が株価に大きな影響を与えるのです。**

信用取引には、ケースによっては反対売買（決済）に期限が設けられています。6カ月という期限が一般的ですが、たとえば、高値で買い残が増え、そのまま株価が下落して6カ月が近づくと、信用買いした投資家が投げ売りという行動に出ます。いわゆる投げ売りなので、株価は大きく下落し出来高も増えます。

逆に、株価が上がり続けて売り方が「締め上げられる」と、急いで決済するので、高値圏では出来高が急増するのです。証券会社などのＨＰに「信用残」が表示されているので、その増減について確認しておきましょう。

コラム

顧客の利益を考えない証券会社

投資家が不利益を被る証券会社の「はめ込み」行為は説明しましたが、その逆パターンという珍しい勧誘に遭遇しました。

対面で取り引きしていた証券会社で、そのまま放置してしまった口座がありました。ネット取引に移行したため、塩漬けした銘柄だけを残しておいたのです。

数年前、その証券会社の営業マンから電話があり、「お持ちの○○株を売りませんか」と言ってきたのです。

しかし、理由を教えてくれません。たとえば「業績が悪化の見込みで、株価が暴落する恐れがある」とかの説明があれば納得がいきます。

推測ですが、自己売買部門でその銘柄を集めたかったのか、あるいはほかの顧客から買い注文があったのでしょう。いずれも証券市場を通せばそこに手数料を払わなければなりませんが、自分の顧客に売らせれば、売買手数料を払うことなく、さらに顧客から手数料を得られる、という思惑があったのではないかと邪推しています。

その数年後、その銘柄が動意づき値上がりしたところで売却しましたが……。

第6章

買い&売りのタイミングを計るテクニカル手法

株価の動きの推移を示したグラフ

ここまで投資の対象として有望な銘柄を掘り出すコツを紹介してきました。では、いつ、どのタイミングで売り買いすればいいのか。ここからは売買のタイミングを知るテクニックを紹介していきます。

株式投資で利益を挙げるには、価格が低いうちに購入し、買い値より高い価格で売ることです。つまり、今後株価が上がるか下がるかを予測する必要があります。また、すでに株価が買われすぎて高い水準にないか、低い水準にあるかを知りたいところです。

これまでに紹介した指標、ＰＥＲやＰＢＲなどは割安、割高を計る一つのモノサシではあります。ただ、これらの指標は「今後株価が上がるか、下がるか」までは教えてくれません。

過去の株価と現在の株価を比較するツールが欲しいところです。そこで、時系列で株価の推移を示したグラフが出てきました。このグラフのことを株式投資の世界では

●株価の分析手法

株価の分析手法						
ファンダメンタルズ分析					テクニカル分析	
財務指標（内的要因）	金利（外的要因）	株価指数（外的要因）	為替（外的要因）	経済指標（外的要因）	テクニカル指標	チャートパターン分析
決算短信	短期金利	NY ダウ	米ドル/円	雇用統計	移動平均線	酒田五法
PER	長期金利	NASDAQ指数		FOMC	MACD	保《も》ち合《あ》い相場分析
PBR	量的金融緩和	S＆P500		日銀短観	ボリンジャーバンド	ローソク足分析
ROE		日経平均		etc.	RSI	
ROA		etc.			etc.	

「チャート」といいます。

少しでも株式投資をやった方、少しでも興味のある方は、チャートをご覧になったことがあるかと思いますが、このチャート、単純な折れ線グラフでは出てきません。何やら小さい記号をつなげているグラフがほとんどだと思います。これを特に「ローソク足」といいます。

チャートを使って株式投資の分析に使うやり方を、特に「テクニカル分析」といいます。これに対し、前章まで紹介してきた、企業の業績や企業を取り巻く経済的環境から分析していく手法を「ファンダメンタルズ分析」といいます。

まずは「テクニカル分析」の基本、株式投資の基本中の基本、ローソク足から説明していきます。

ローソク足の読み方

「ローソク足」とは、対象期間内（5分、1日、1週間などが一般的です）の株の値動きを図形化したものです。このローソク足を時系列に沿って右方向に表示したグラフィックが「ローソクチャート」と呼ばれています。

ローソク足の歴史は古く、江戸時代の米相場で活躍した本間宗久《そうきゅう》（1724～1803）によって考案され、それ以降、日本国内のさまざまな相場で用いられてきました。現在でも株やFX、先物取引などの相場で、値動きを表示するチャートとして使われています。

ちなみに欧米では「バーチャート」が主流ですが、ローソクチャートも数多くの利用者がおり、「キャンドルチャート」と呼ばれています。ただローソク足さえ覚えていれば十分なので、バーチャートそのほかの説明は省きます。

一色刷り（モノクロ）の書籍や雑誌、新聞では、プラスの値動きは白、マイナ

●ローソク足

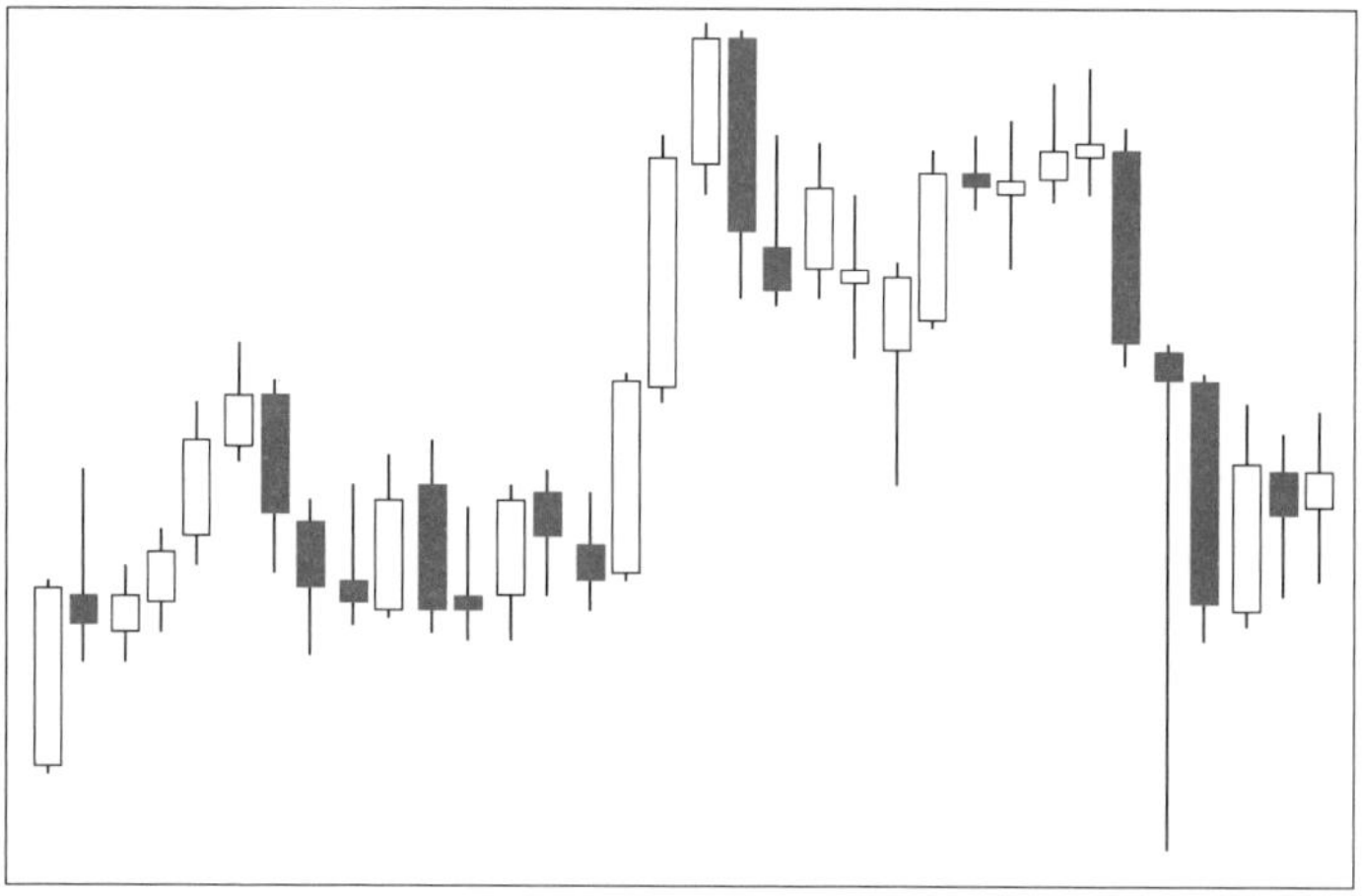

スの値動きは黒で表示されますが、雑誌のカラーページやインターネット上では、プラスの値動きが赤で表示されることも多くなりました。なお欧米では、値上がりは青や緑、値下がりは赤で表示されることが多いようです。

なお「ローソク足」というネーミングは、一つひとつの記号がろうそくに似ていることに由来しています。

ローソク足の基本的な見方

ローソク足の魅力は何といっても見やすさ、わかりやすさにあります。

「始値《はじめね》」「安値」「高値」「終値《おわりね》」の四つの株価が、形の違いからひと目でわかるのです。

さっそく、ローソク足を構成するそれぞれの要素を見てみましょう（次ページ）。

重要なポイントは、「始値」「安値」「高値」「終値」の四つと、値動きを集計した「期間」です。

●ローソク足（足型）の基本

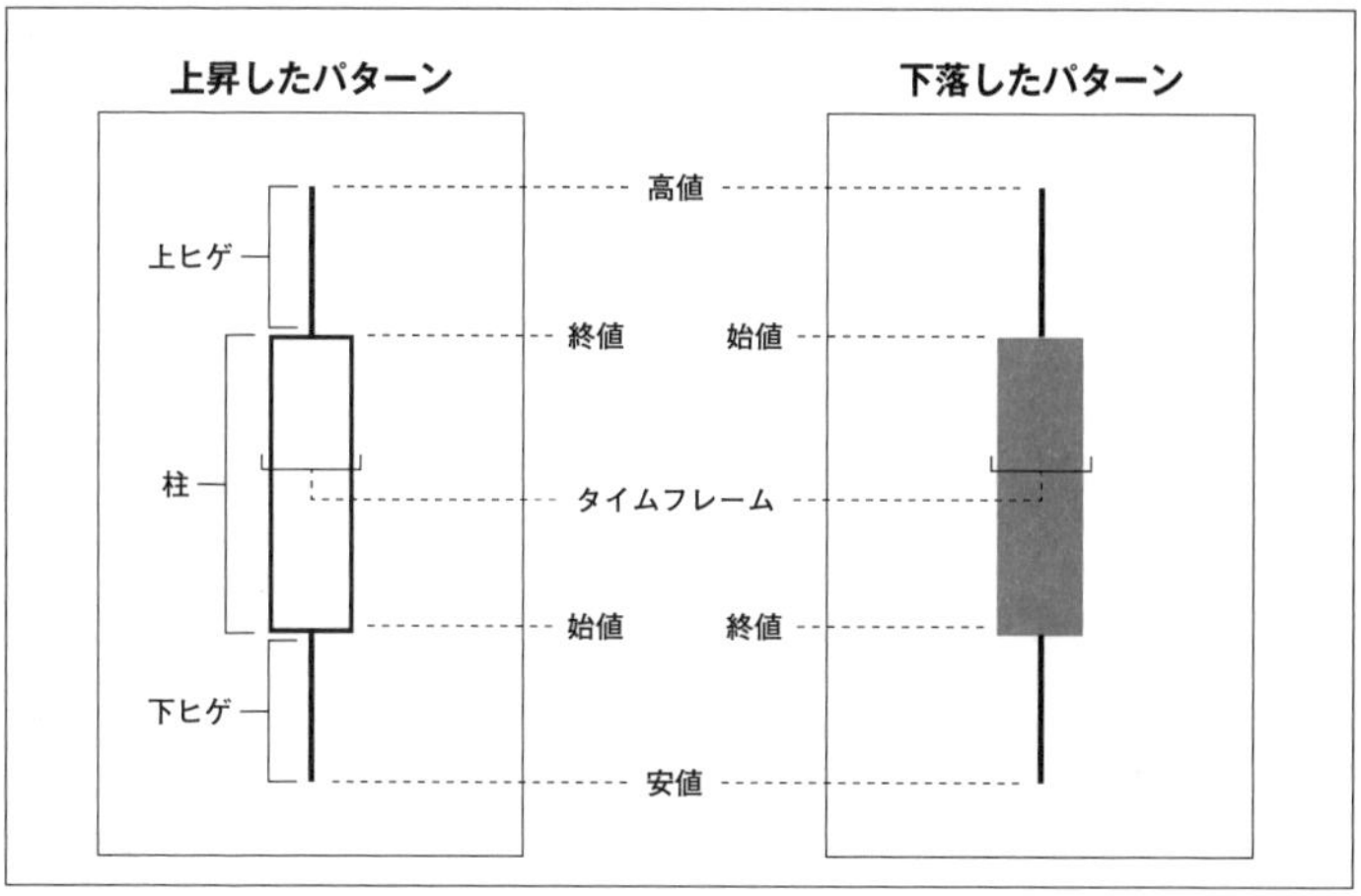

- **始値**　タイムフレームの期間内で最初についた価格です。
- **安値**　ローソク足に設定されたタイムフレームの期間内で、最も安かった取引の価格です。
- **高値**　ローソク足に設定されたタイムフレームの期間内で、最も高かった取引の価格です。
- **終値**　タイムフレームの期間内で最終的に落ち着いた価格です。
- **上ヒゲ**　タイムフレームの期間内で行なわれた取引で、最も高かった取引価格を表します。
- **下ヒゲ**　タイムフレームの期間内で行なわれた取引で、最も安かった取引価格を表します。
- **柱（実体）**　始値と終値に囲まれたエリアです。横幅はタイムフレームを表しています。始値より終値が高い場合はプラスを表す色（白や赤）、始値より終値が安い場合はマイナスを表す色（黒など）で塗りつぶされています。

タイムフレーム（ターム、執行時間軸、執行時間足）

ローソク足は対象期間内の値動きを図形化したものですが、その「対象期間」のことを「タイムフレーム」といいます。図形からは判別がつきませんが、ローソク足の横幅は時間を表しています。

一つひとつの記号を特に「足型」といいますが、一つの足型は、「1分足」「1時間足」「日足」「週足」などタームによって複数の種類に分けられます。チャートの枠外には「1分足」「日足」など、タイムフレームの期間が必ず表示されています。「ターム」「執行時間軸」「執行時間足」などと呼ばれることもあります。

ローソク足の五つの基本パターン

ローソク足はその足型の形、陰線か、陽線か、柱が長いか、短いか、柱がないかなどの五つのパターンに分けられます。「大陽線」「小陽線」「大陰線」「小陰線」「十字線」です。ヒゲのある・なし、長さによってさらに細かく分かれます。

それぞれに込められたシグナルがあるので、覚えておきましょう。

●大幅に上昇した時に現れる「大陽線」

【陽の丸坊主】
柱が長い白（赤）抜きで、上ヒゲ、下ヒゲがない。上昇力が強く、この先も上がる

【陽の寄りつき坊主】
陽の丸坊主に上ヒゲがついた形。高値警戒感が表れている

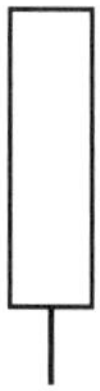

【陽の大引け坊主】
陽の丸坊主に下ヒゲがついた形。買いの勢いは続く

●株価が小幅に上昇した「小陽線」

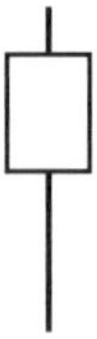

【下影陽線】
上ヒゲが短く、
下ヒゲが上ヒゲ＋柱より長い

【陽のカラカサ】
下影陽線から上ヒゲを取った形。
底値で出たら上昇のシグナル

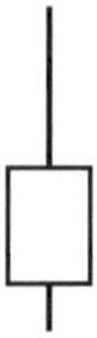

【上影陽線】
短い下ヒゲと上ヒゲが
下ヒゲ＋柱より長い。
調整局面のシグナル

【陽のコマ】
ヒゲより柱が短い。
方向性が定まらない

【陽のトンカチ】
下ヒゲがなく、長い上ヒゲ。
高値圏で出たら下落しやすい

●株価が大幅に下落した「大陰線」

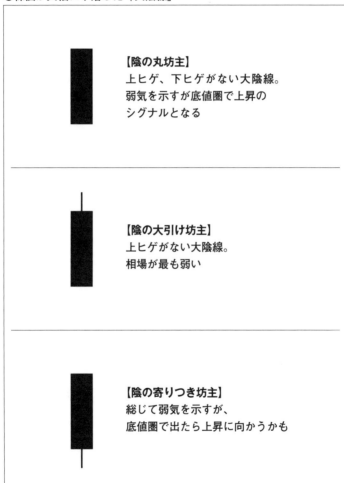

【陰の丸坊主】
上ヒゲ、下ヒゲがない大陰線。
弱気を示すが底値圏で上昇の
シグナルとなる

【陰の大引け坊主】
上ヒゲがない大陰線。
相場が最も弱い

【陰の寄りつき坊主】
総じて弱気を示すが、
底値圏で出たら上昇に向かうかも

●株価が小幅に下落した「小陰線」

【陰のコマ】
柱が短くヒゲが長い

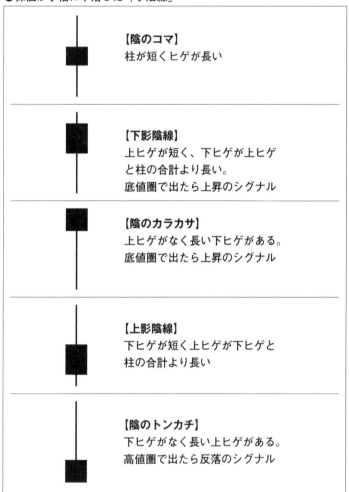

【下影陰線】
上ヒゲが短く、下ヒゲが上ヒゲと柱の合計より長い。
底値圏で出たら上昇のシグナル

【陰のカラカサ】
上ヒゲがなく長い下ヒゲがある。
底値圏で出たら上昇のシグナル

【上影陰線】
下ヒゲが短く上ヒゲが下ヒゲと柱の合計より長い

【陰のトンカチ】
下ヒゲがなく長い上ヒゲがある。
高値圏で出たら反落のシグナル

●始値と終値が同じ株価の「十字線」

【足長十字線】
長い上ヒゲと長い下ヒゲが
ほぼ同じ長さ

【トウバ】
下ヒゲがなく上ヒゲが長い。
上昇相場の終わりのシグナル

【トンボ】
下ヒゲが上ヒゲの３倍以上の
長さ（あるいはその逆）

【トンカチ】
上ヒゲがなく下ヒゲが長い。
下落相場の終わりのシグナル

【一本線】
始値、高値、安値、終値が
まったく同じ

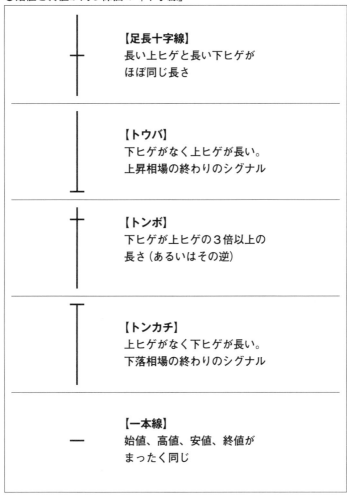

中長期投資と短期投資で使うツールが変わる

株式投資は株をホールドする期間によって、投資法のタイプが分かれます。**デイトレードなど一日のうちに決済する投資法を短期投資、数週間以上ホールドするスタイルを長期投資といいます。**

短期投資にはほかに「スキャルピング」や「デイトレード」などがあります。

スキャルピング（＝皮を剝ぐという意味）は、数秒から長くても数分～10数分で決済する取引方法です。取引回数を多くして、小さな利益を積み上げていく手法です。

これに対しデイトレードは、ホールドする時間が長くなります。数時間に抑え、少なくともオーバーナイトはしません。一夜を寝て過ごしている間に、相場が急変して大きな損失を被ることはありません。

スキャルピングより大きいとはいえ、やはり小さな利益を積み上げていきます。スキャルピングもデイトレードの一種ですが、明確な線引きはありません。

これに対し、同じ短期投資でも、オーバーナイトして数日間ホールドする手法を、

「スイングトレード」といいます。長くても2週間ほどで決済します。狙う利幅はデイトレードよりは大きくなります。

長期投資とは？

短期投資が小さいキャピタルゲインを積み重ねていくのに対し、長期投資は大きなキャピタルゲインを狙います。

短期投資と長期投資の明確な線引きはありませんが、数週間以上ホールドする投資法を長期投資と位置づけるのが一般的でしょう。

さらに、長期投資にはキャピタルゲインのほかに、インカムゲインにも期待が持てます。つまり、長年保有すれば、わずかなインカムゲインもそれなりの利益となります。そして、ファンダメンタルズ分析の比重が増します。

また、短期投資と長期投資では、投資行動を判断するツールが異なってきます。

たとえば、スキャルピングやデイトレードでは、ファンダメンタルズ分析はあまり使いません。せいぜい重要な経済指標が発表される時などにチェックする程度です。

重要な経済指標が発表された時など、トレンドが変わる可能性があるからです。

そのため、短期ホールドになるほどチャートに頼ることになります。

当然のことながら、配当や株主優待などには目もくれません。

また、短期トレードでは、使うチャートも1分足や10分足、日足などです。

一方、長期でホールドする時は1分足といった短期のチャートは使いません。日足、週足、月足といった長いタームのローソク足を使います。

相場の流れを見る

すでに株式投資の経験がある方に問いますが、株価の値動きは複雑で、将来の値動きを予測するのは難しいと勝手に思い込んでいませんか？　前項で紹介した足型の形は、ある程度、次の瞬間、上か下に動くかを当てる確率は高いものの、けっして100％の的中率というわけにはいきません。

足型の単体だけではなく、足型がいくつも組み合わさった一本のラインで見て、その形を見ると予測的中の確率は高くなります。

足型をつないだラインの形に、ある一定のパターンが出ることがあります。三つの「相場のパターン」を理解すると、株の値動きには特徴があることがわかります。

株価の動きで相場は3パターンの見方ができる

株の値動きを過去にさかのぼってじっくり見わたしてみてください。

チャートツールのチャート上にマウスカーソルを置き、マウスのホイールを回転させると、ほとんどのツールは過去のデータを表示してくれます。きっと、いくつか特徴のある値動きを見つけることができるはずです。

ローソク足が画面の上方や下方に向かって力強く伸びていく値動きや、一定の値幅の範囲内で上昇したり下降したりを繰り返している特徴的な値動きが、過去の相場からたくさん見つかると思います。

株の値動きは複雑に動いていると思われがちですが、実際には一方向だけに伸び続けたり、決まった値幅の中で上下動を繰り返したりなど、わかりやすい動きが続くことがよくあるのです。

こうした現象は、チャートを見ながら売買しているトレーダーたちが、同じタイミングで売買しているからにほかなりません。**そして、こうした特徴的な値動きを利用した売買こそ、スキャルピングやデイトレードで大きな結果を出すために欠かせない武器となるのです。**まずは株取引で遭遇する、特徴的な値動きを示す相場について紹介していきます。

レンジ相場では「逆張り」が狙える

レンジ相場では、トレンドの反転を狙った「逆張り」が有効とされています。逆張りとは、株価が下落している最中に「もうそろそろ値上がりするだろう」と読み、上昇に切り替わるタイミングを見計らって買い注文を入れる取引手法です。

注意しなければならないのが、下値支持線に行き当たって、本当に反発したのか、確実に見極めることです。

時に下値支持線を突き破ってトレンド転換が起こるケースがあるからです。

保ち合い相場は形によって値動きを予測できる

保ち合い相場は、上昇トレンドやレンジ相場とは異なり、相場を形成するパターンが数多くあります。そして、そのパターンごとに値動きの傾向が異なっており、それぞれの傾向を理解しておくことが重要になります。

ただ、保ち合い相場はすべて、値動きが小さくなったあと、一気に大きく動き出すという共通の特徴がありますので、すべての保ち合い相場を覚えておいて損はありません。ここでは主だった保ち合い相場の形と、値動きの傾向を紹介していますので、取引で役立ててください。

●上昇三角型

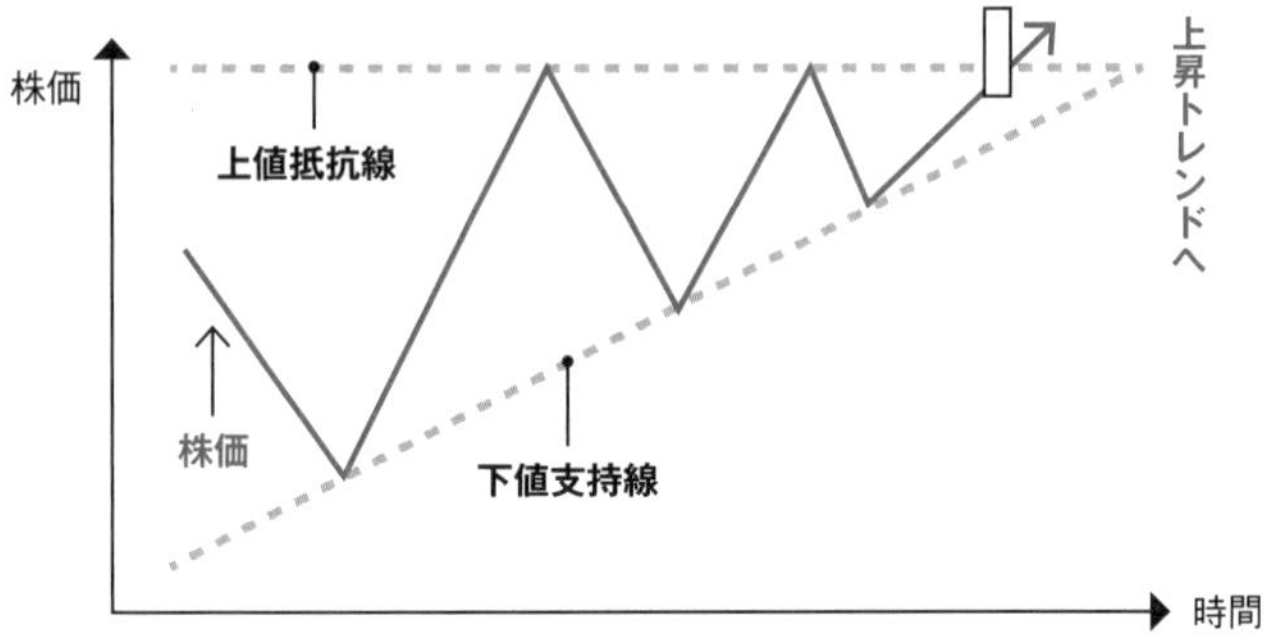

上値抵抗線が水平に近く、下値支持線が次第に切り上がっていく。株価上昇のパワーが強く、上値抵抗線と下値支持線がクロスしたあとは、株価がさらに上昇する傾向がある。

●下降三角型

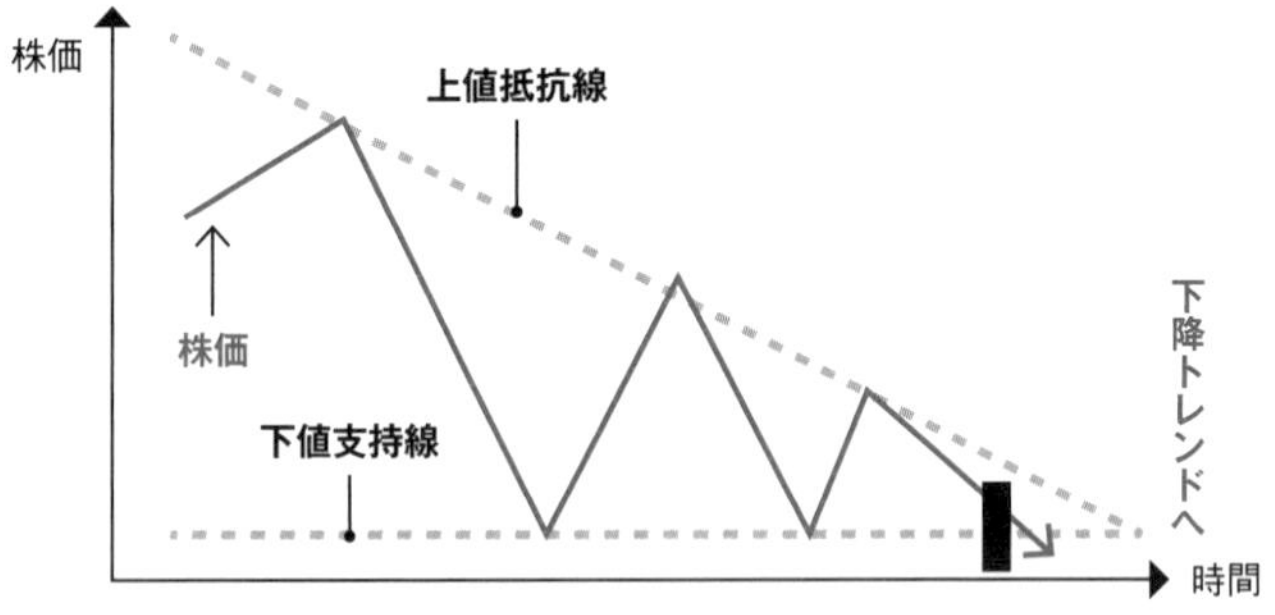

下値支持線が水平に近く、上値抵抗線が切り下がっていく状態。下落しようとするパワーが強く、上値抵抗線と下値支持線がクロスしたあとは株価がさらに下落する傾向がある。

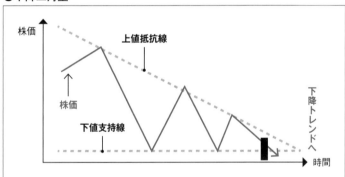

●上昇ペナント型

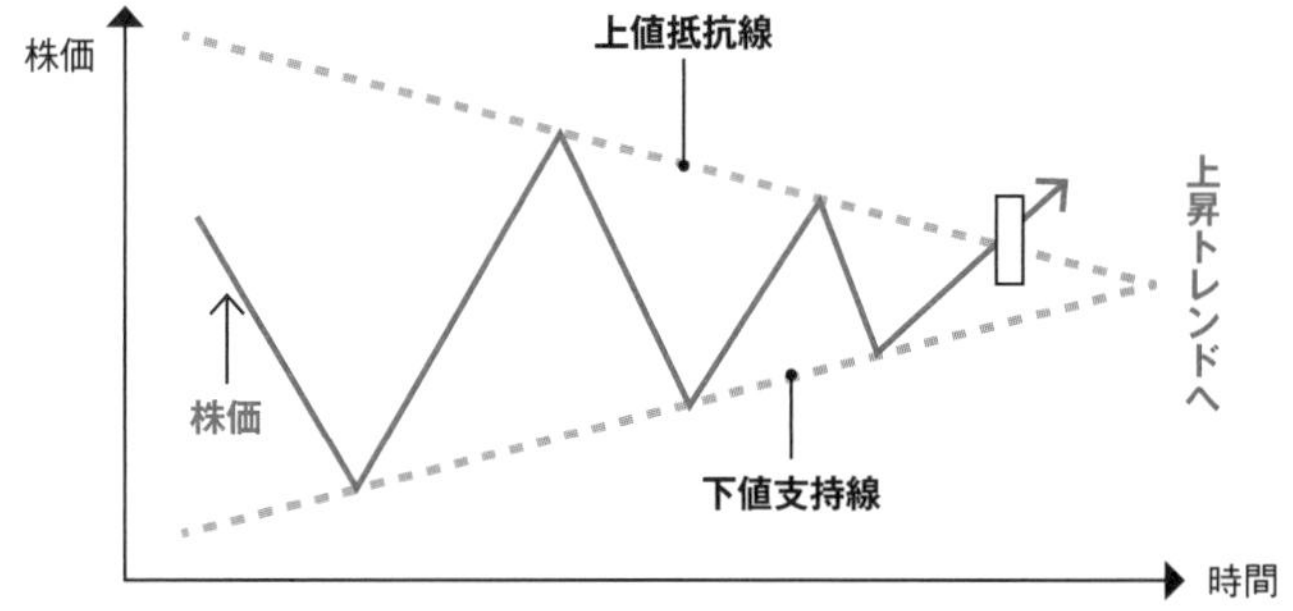

株価が大幅上昇したあとの調整局面でよく現れる。利食い目当ての売り注文と押し目買いを狙う買い注文が拮抗したまま上値抵抗線が下降し、下値支持線が上昇していく。上値抵抗線と下値支持線がクロスする付近から株価は一気に上昇する傾向がある。

●下降ペナント型

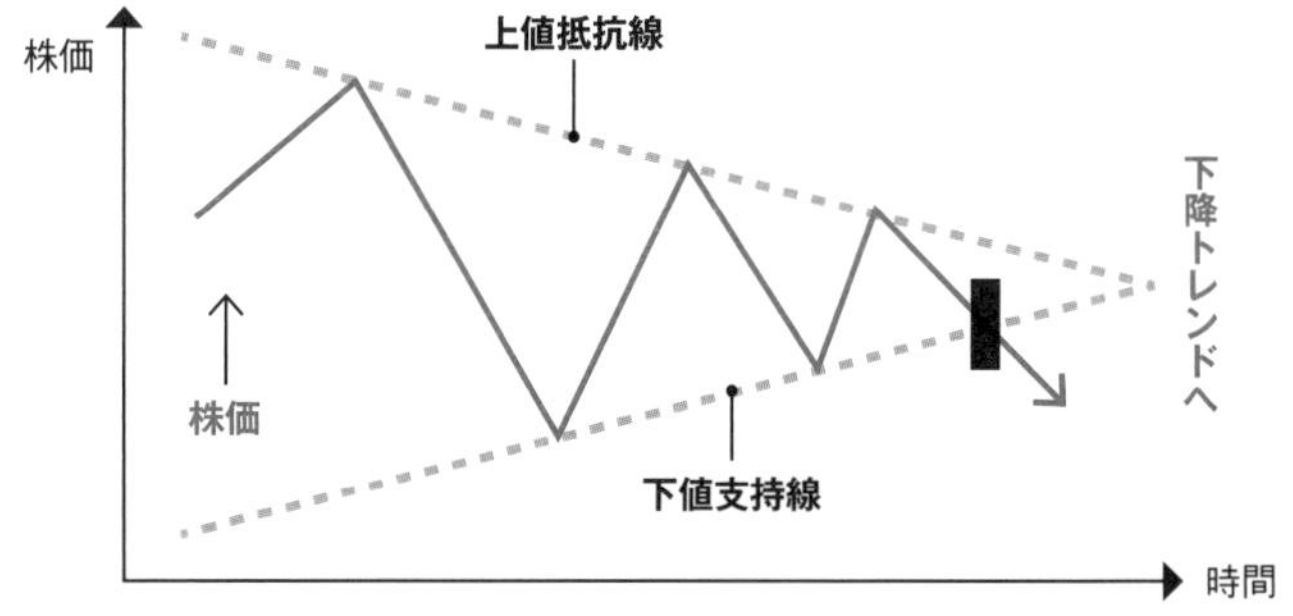

株価が急落したあと、もみ合いが続いた時に現れる。上値抵抗線は次第に切り下がり、下値支持線は切り上がっていく。振幅は徐々に狭まり、やがて下落する傾向がある。

●上昇フラッグ型

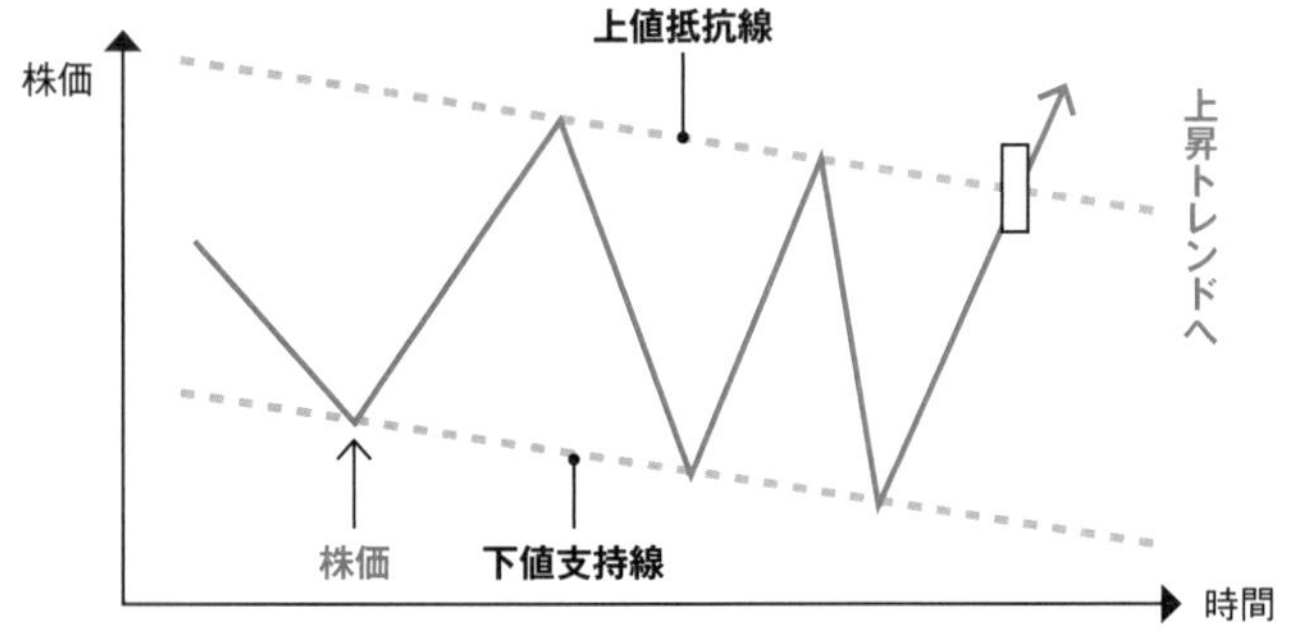

株価が大幅に上昇したあとの調整局面でよく現れる。上昇ペナント型と同じく利食い目当ての売り注文と押し目買いを狙う買い注文が拮抗するが、上値抵抗線と下値支持線は平行を保ちながら上昇していく。最後は上値抵抗線を上に突き抜けて上昇する。

●下降フラッグ型

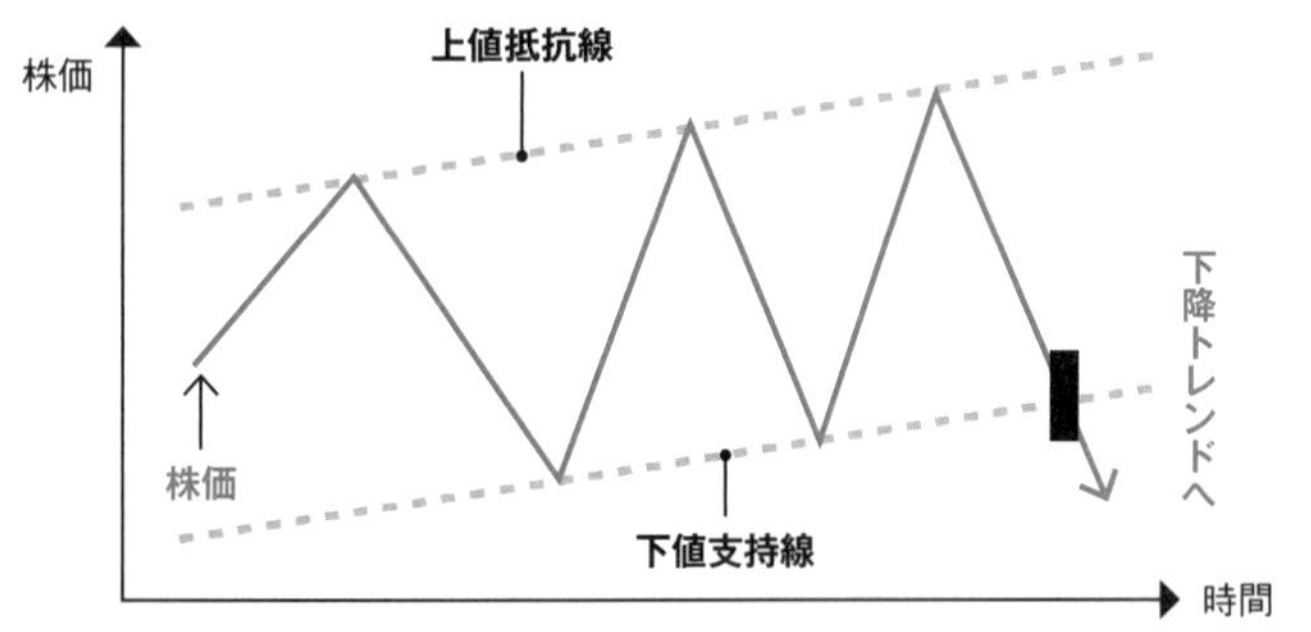

株価が大幅に下落したところで押し目買いが入る。しかし、一時的に上昇したところで利確の売りが出て反落。これの繰り返しで上値抵抗線と下値支持線が一定の値幅を保ちながら、徐々に値を切り上げていく。最後は下値支持線を下に突き抜けて下落する。

●上昇ウエッジ型

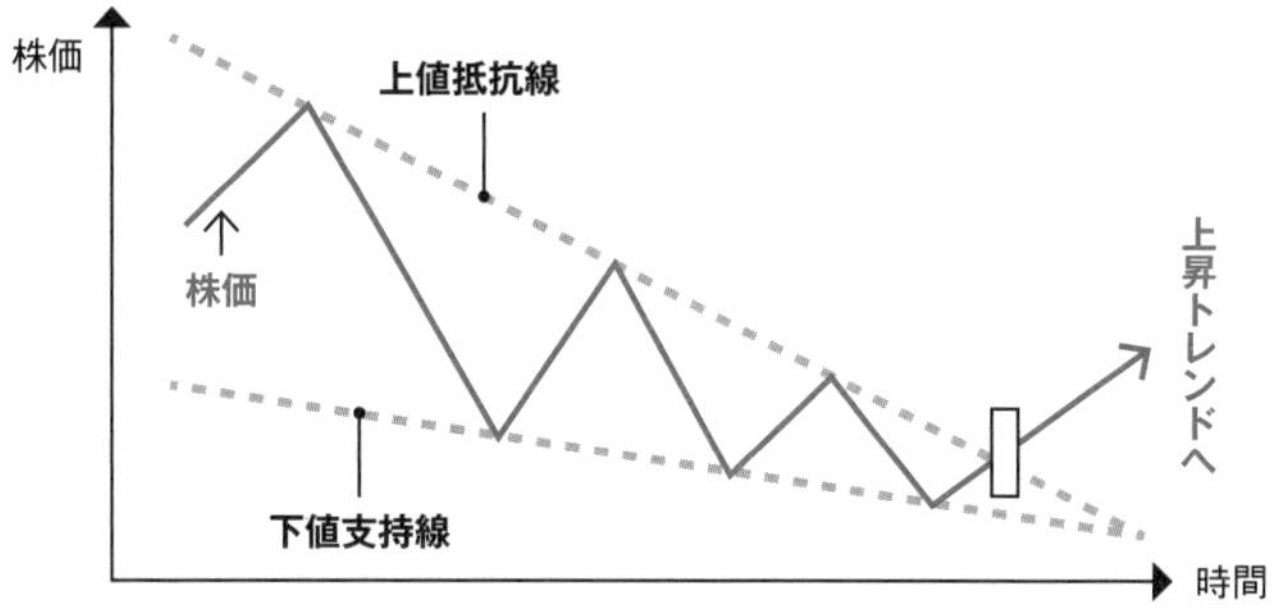

上値抵抗線と下値支持線が徐々に切り下がっていく。「上昇フラッグ型」とは異なり、上値抵抗線の下がる角度がより大きくなる。上値抵抗線と下値支持線の間隔は次第に狭まっていき、そのあとは株価が上昇する傾向となる。

●下降ウエッジ型

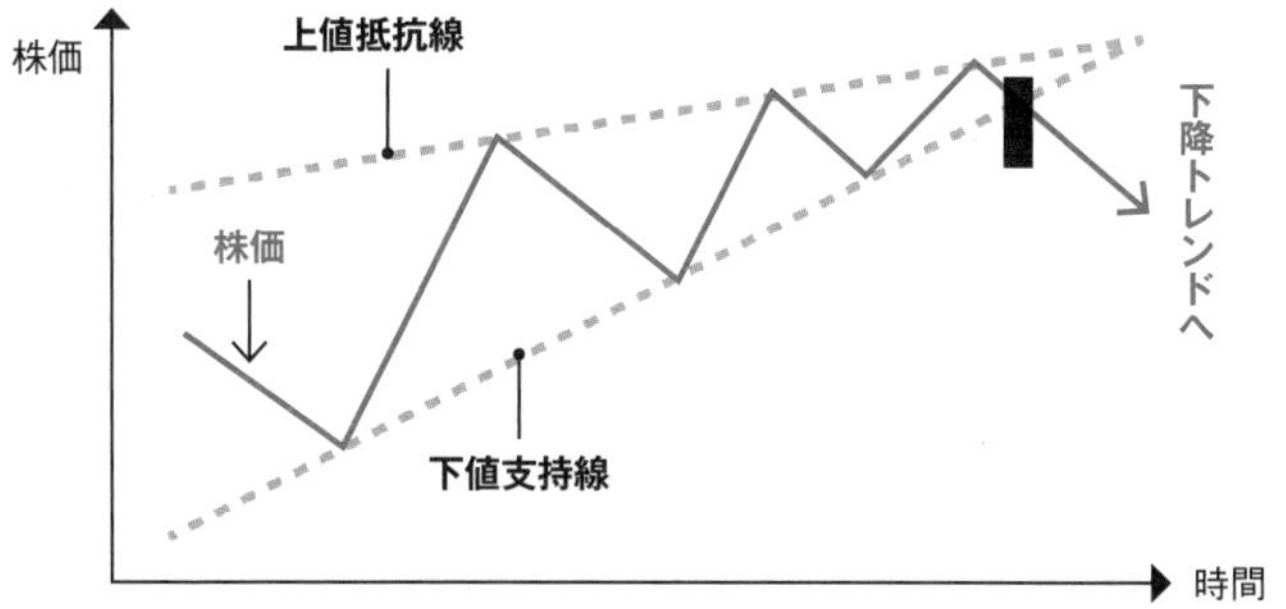

上値抵抗線と下値支持線がともに切り上がっていく。下値支持線の上昇角度が上値抵抗線よりまさっているため、両者の間隔は次第に狭まっていき、そのあとは下落する。

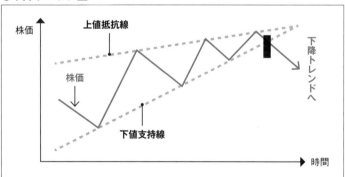

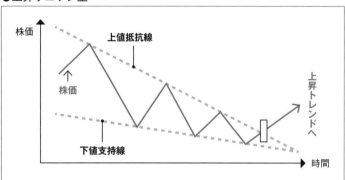

抵抗線・支持線を株価が突き抜けた時

株価が下落して下にあった支持線（サポートライン）に行き着けば、多くは跳ね返されて上昇に向かいます。その時は「買い」のチャンスとなります。同じく株価が上昇して、上に位置する抵抗線（レジスタンスライン）に到達すると、多くは跳ね返されて下落します。ここは「売り」のチャンスとなります。

ところが、いつまでも株価が同じトレンドの中にいるとは限りません。

よほどのことがない限り（たとえば会

●上昇トレンドから下降トレンドへ

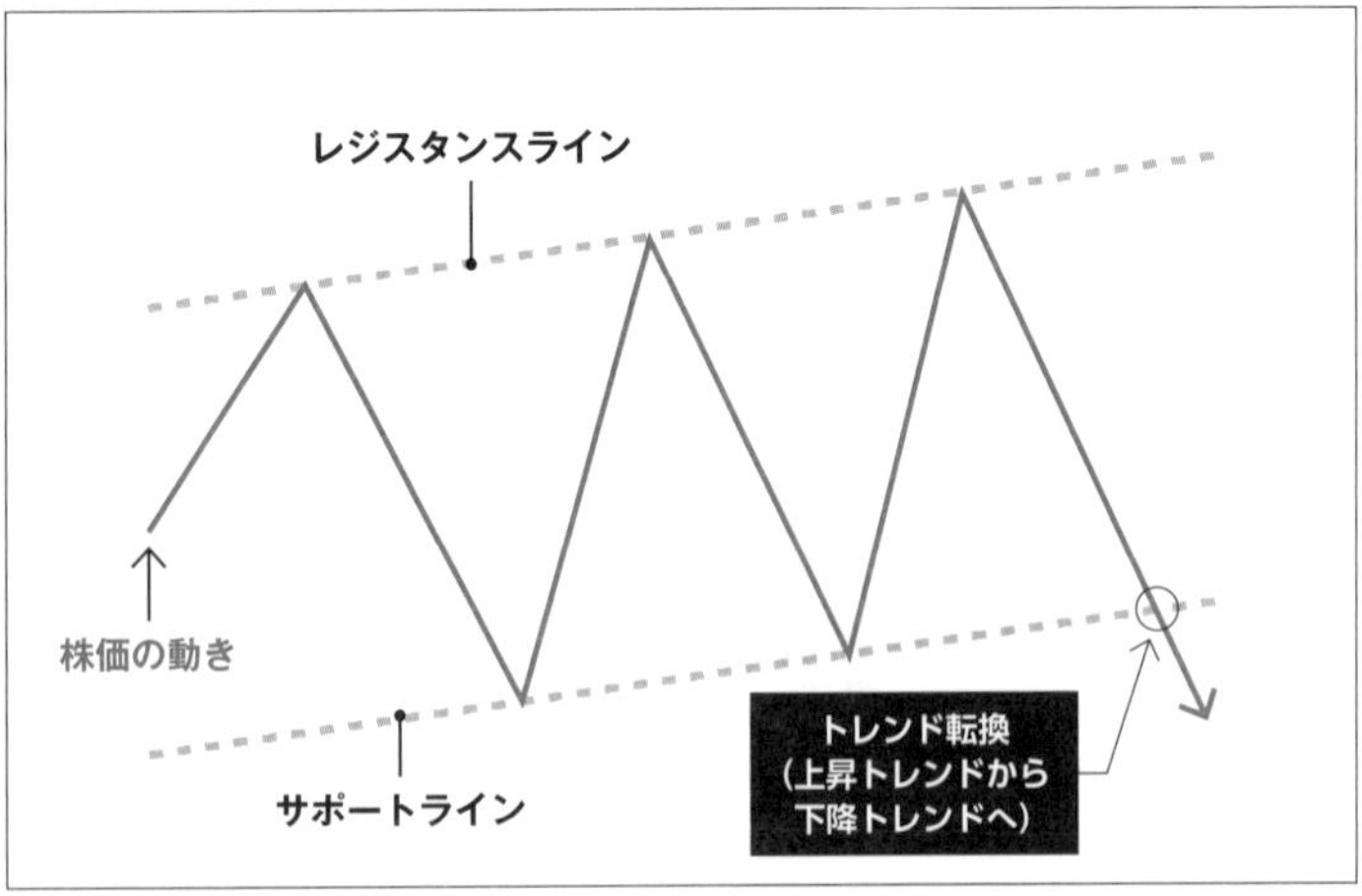

社が倒産するなど）、トレンドはいつか変わります。下落は株価0円より下に行くことはなく、また上昇も永遠に上昇することはあり得ません。**このトレンド転換を見抜けば、売買のチャンスとして活用できます。**

上昇トレンドにあった株価が調整局面を迎え、下落してサポートラインに突き当たり、そのまま下に突き抜けてしまえば、新たな下降トレンドに入ったと判断しましょう。

逆パターンとして、下降トレンドにあった株価が反発、レジスタンスラインまで到達して、そのまま上に突き抜ければ、上昇トレンドに入ったと判断します。

●下降トレンドから上昇トレンドへ

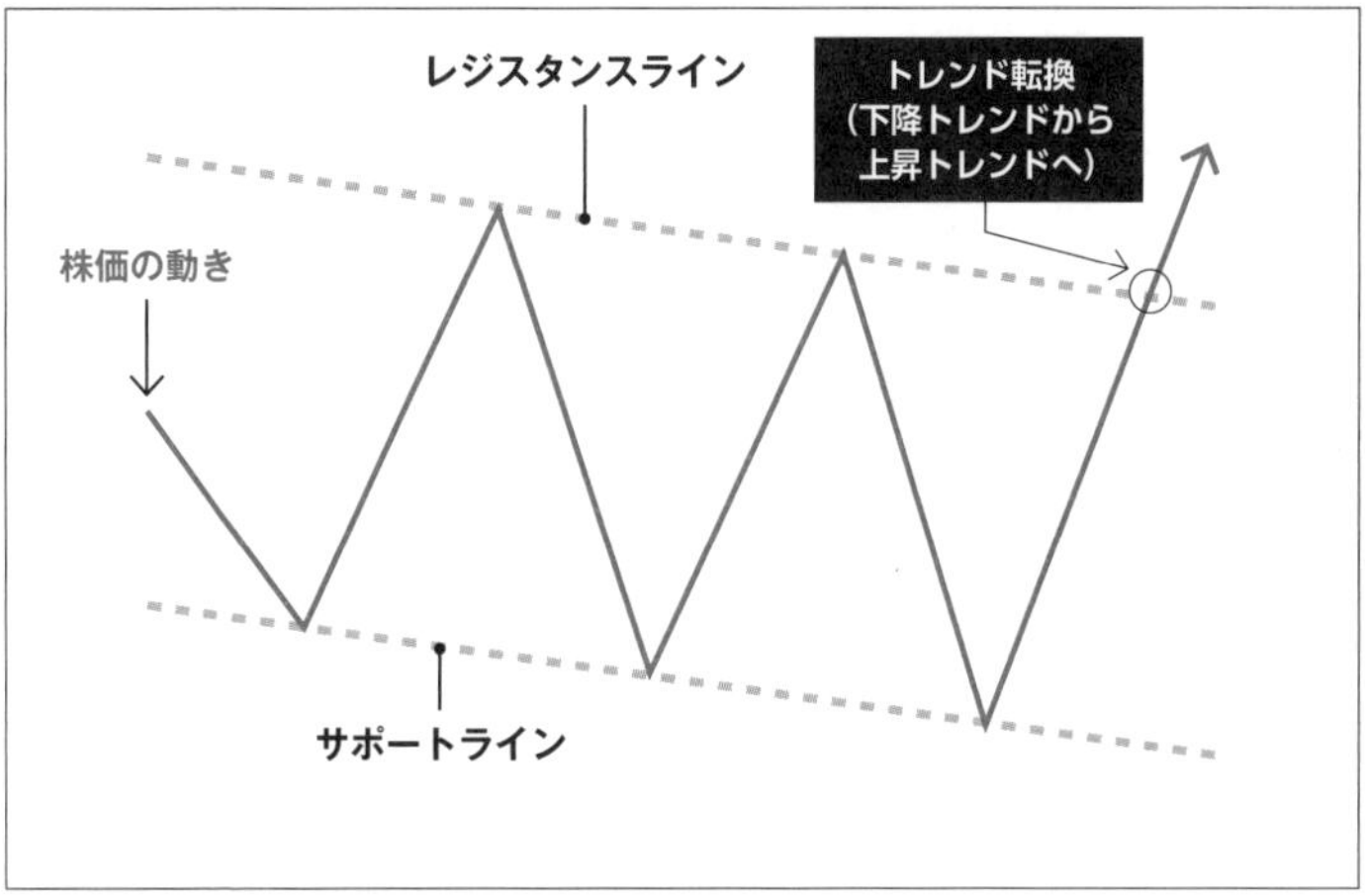

トレンドを読む移動平均線

相場の流れであるトレンドですが、これを明確にするツールが「移動平均線」です。ローソク足をほかのツールと組み合わせれば、より「予測」の精度は高まりますが、この移動平均線は株価予測に欠かせないツールの一つです。ローソク足は、細かい動きを見せるので、株価の大きな流れを読むのには不向きです。

そこで登場する移動平均線ですが、これは一定期間の株価（終値）の平均を取って、それをつなげて一本のラインにするのです。

その一定期間によっていろいろと種類が出てきますが、たとえば過去5日間の終値の平均をつないで一本のラインにしたものを「5日移動平均線（5日線）」といいます。10日間の平均線を取れば「10日線」。13週間の平均を取れば「13週線」といいます。

移動平均線は、ローソク足よりなだらかなラインになりますが、移動平均線も平均をとる期間が長ければ長いほどなだらかなラインになります。**その移動平均線の向きこそ、トレンドを示す方向といえます。移動平均線が上向きであれば上昇トレンド、下**

向きであれば下降トレンドといいます。

●移動平均線　チャート

出典：「株探」(https://kabutan.jp/)

ローソク足と移動平均線の位置関係

ローソク足と移動平均線の位置関係で、相場の強弱がひと目でわかります。もしローソク足が、移動平均線の下にあったら、相場は弱いことになります。逆に、ローソク足が移動平均線の上にあったら、相場は強いことになります。

そして、この位置関係が変わる時こそトレンド転換のシグナルとなります。

つまり、ローソク足が移動平均線の上から下に突き抜けた時、この先の株価は下落するというシグナルになります。

一方、移動平均線の下にあるローソク

足が下から上に突き抜けると、これはこの先の株価が上昇に向かうというシグナルになります。

2本の移動平均線を使う

2本の移動平均線を使って、株価の先行きを読むやり方もあります。

2本の移動平均線は、たとえば「5日線」と「15日線」、「13週線」と「26週線」というように、「短期線」と「長期線」の組み合わせで行ないます。

下に位置する短期線が上にある長期線を下から上に突き抜けたら、これは株価上昇のシグナル。この時、短期線も長期線も上向きであれば、その上昇のシグナ

●2本の移動平均線（長期線と短期線）

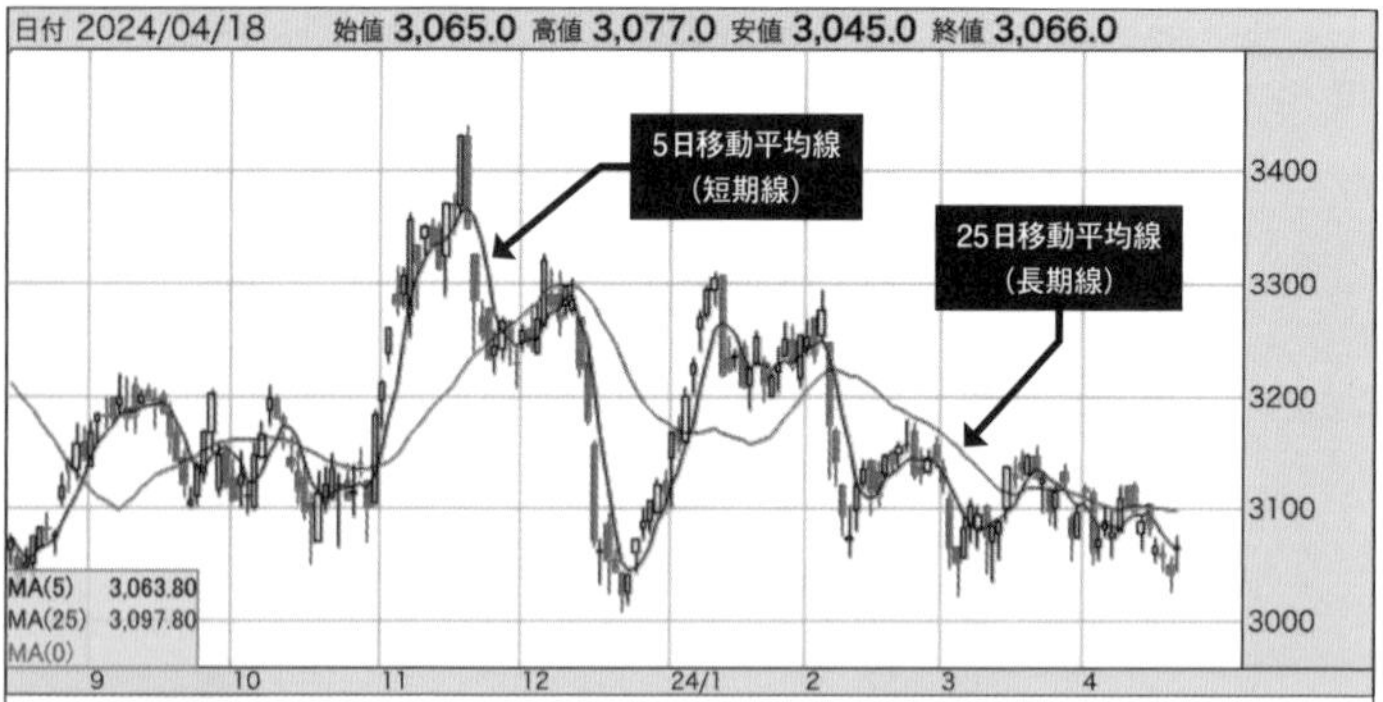

2本の長期線と短期線の位置関係で、株価の先行きを読む。とりわけ、クロスした時が重要なシグナルとなる。

出典：「株探」（https://kabutan.jp/）

●短期線が長期線を下から上に突き抜けた＝株価上昇のシグナル

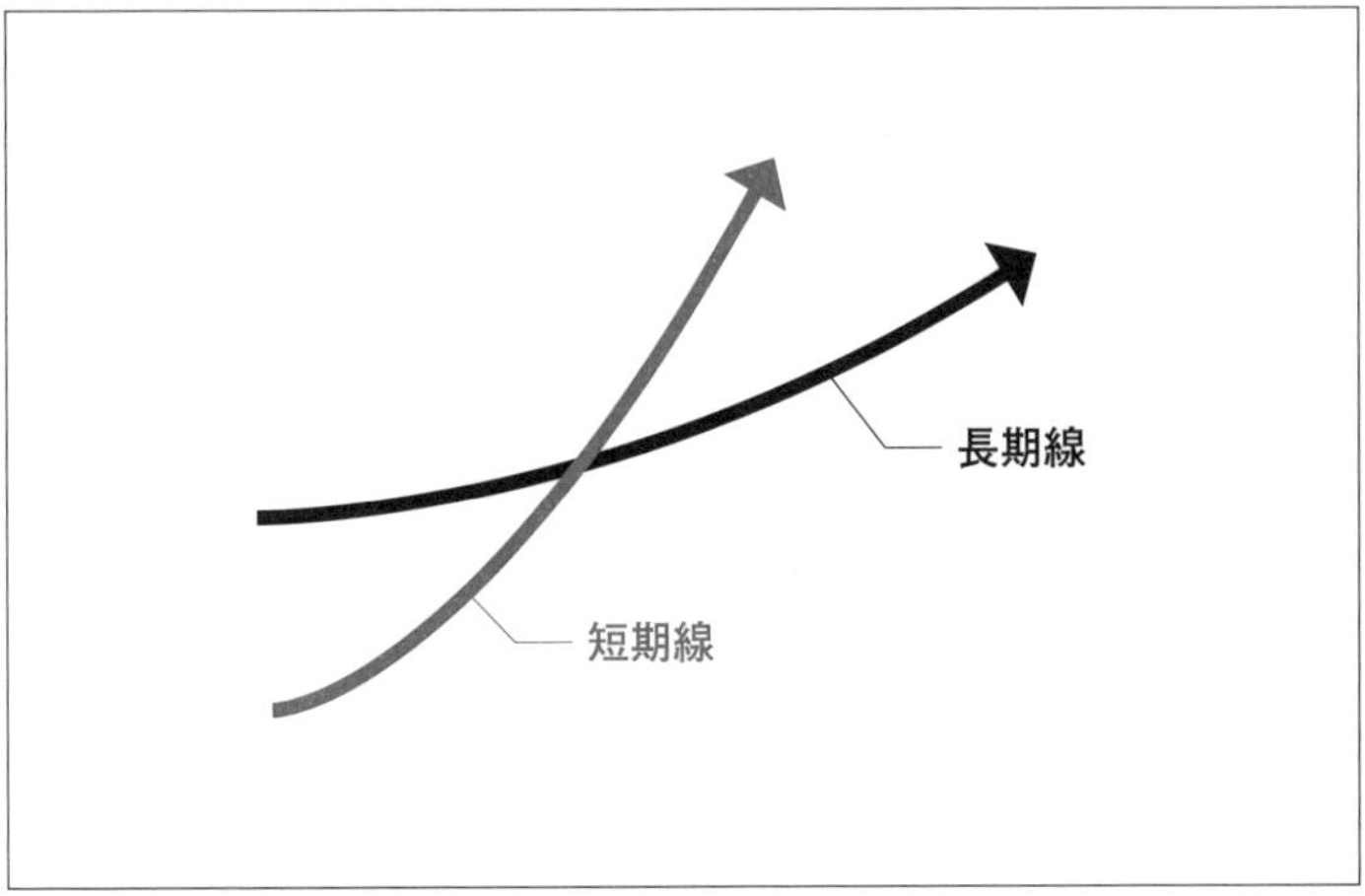

●短期線が長期線を上から下に突き抜けた＝株価下落のシグナル

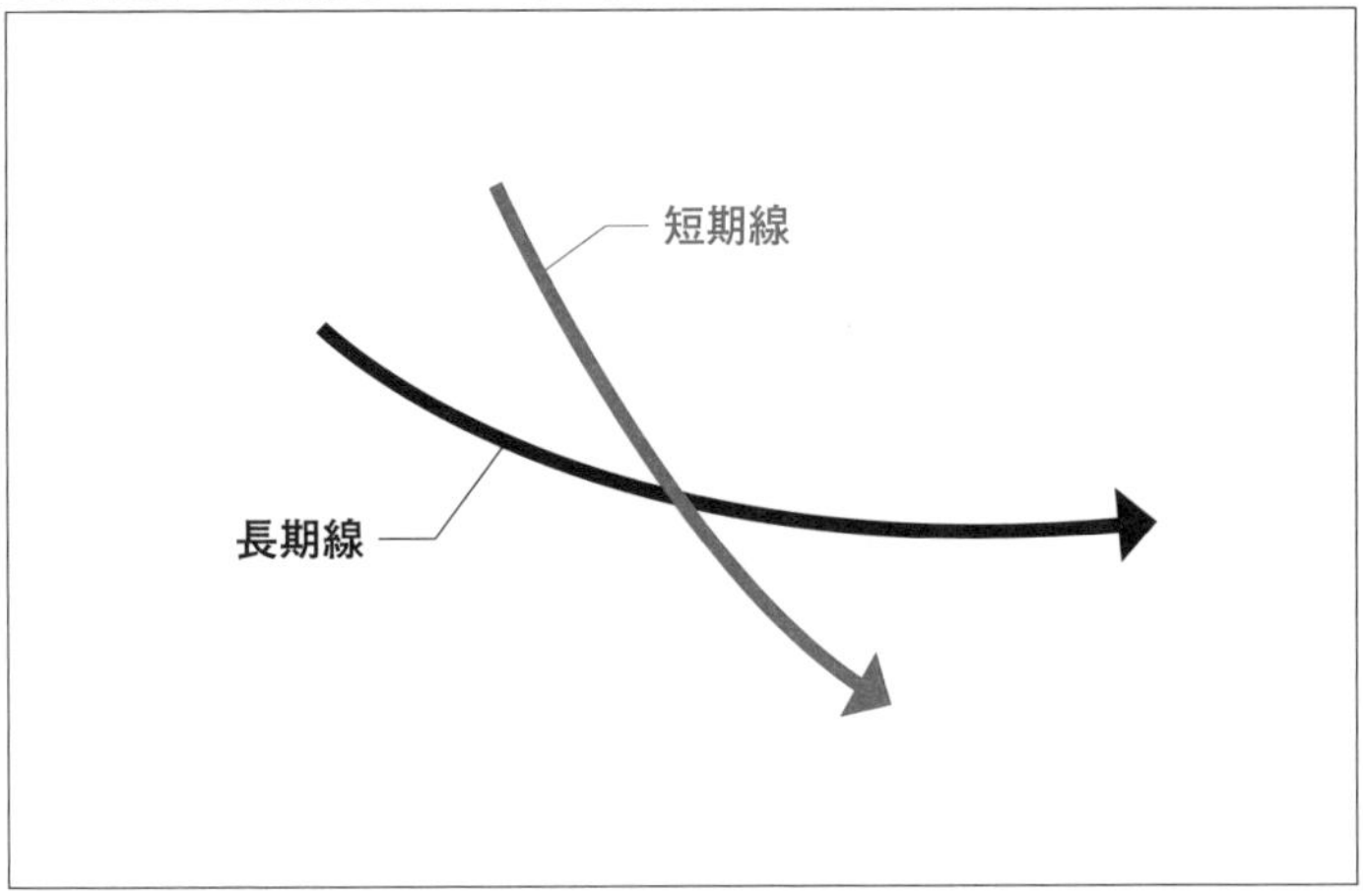

ルはより強くなります。

これとは逆に上に位置する短期線が下の長期線を下に突き抜けた時、これは株価下落のシグナル。さらに二つの移動平均線が下向きであれば、より強いシグナルといえます。

前者の短期線が長期線を上に突き抜けるシグナルを特に「ゴールデンクロス」、短期線が長期線を下に突き抜けるシグナルを「デッドクロス」といいます。

同じゴールデンクロス、デッドクロスも、強いシグナル、弱いシグナルに分けられます。ゴールデンクロスの場合、下向きの長期線を短期線が下から上抜くよりも、上向きとなった長期線を短期線が上抜いたほうが、より強いシグナルとなります。

逆に下向きの長期線を短期線が下抜いたほうが、上向きのままの長期線を短期線が下抜くより強いシグナルとなります。

またゴールデンクロスが出現した時、すでに株価が高くなっていきがちなので、短期線が上向きゴールデンクロスが現れそうになった時、先回りして買い出動したほうが利幅は大きくなります。

●実際のチャートで見るデッドクロスとゴールデンクロス

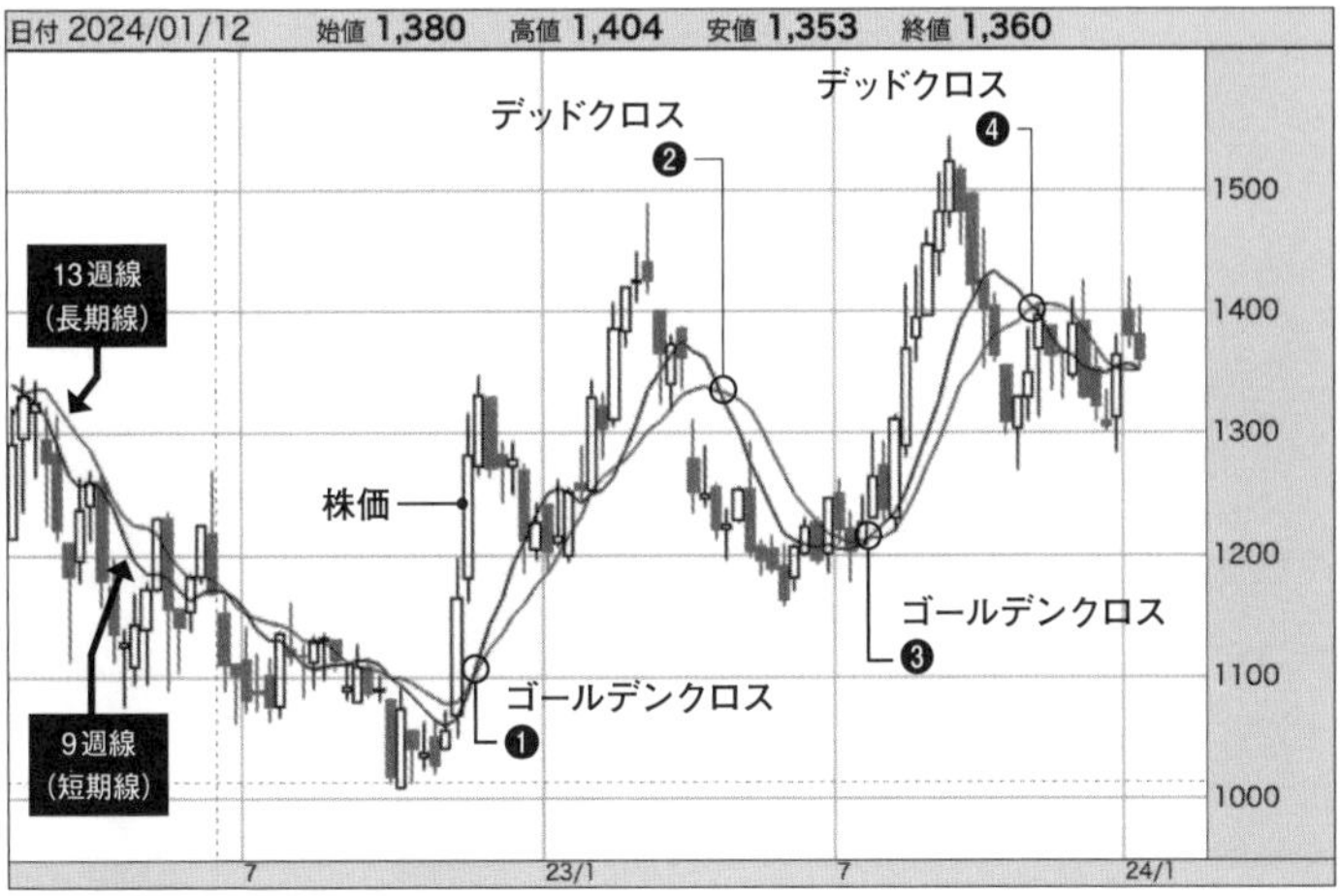

※出典：「株探」(https://kabutan.jp/)

❶**ゴールデンクロス**……長らく下落を続けていた株価が1000円割れ寸前に反転。1100円を突き抜けた大陽線を形成し、長期線（13週線）、短期線（９週線）ともに上向く。短期線が長期線を下から上抜いたところから、株価が本格上昇、1500円に迫る。

❷**デッドクロス**……1500円直前から株価が下落に転じる。1400円を割ったあたりから長期線、短期線ともに下向きになる。短期線が長期線を上から下抜き、株価の下落が続く。

❸**ゴールデンクロス**……株価1200円水準で下落が止まり、短期線が長期線を上抜き、株価が本格上昇へ転じる。株価は1500円超え。

❹**デッドクロス**……株価が下落に転じ、1400円水準で短期線が長期線を下抜く。株価はさらに下押し。

3回バウンドしたら上昇へ

株価の軌跡の形からも「上昇シグナル」「下降シグナル」を読み取ることができます。代表的なパターンを紹介します。

しばらく下落を続けたあと、底値圏で3回底値をつけた形を「逆ヘッド・アンド・ショルダー」といい、反転上昇の確率が高くなります（次ページの図）。この時二つ目の底値が最も深いのが特徴です。最初の反発、そして二つ目の反発でできた「山」はほぼ同じ高さになりやすく、その二つの山の頂点を結んだラインを「ネックライン」といいます。

3回目のバウンドで上昇した株価が、このネックラインを上に突き破ったところで、逆ヘッド・アンド・ショルダーは完成します。その後の上昇はかなり力強いものとなります。特にこのシグナルが、過去の株価水準よりかなり低い位置にあればあるほど、上昇余地は大きくなりがちです。

●逆ヘッド・アンド・ショルダー

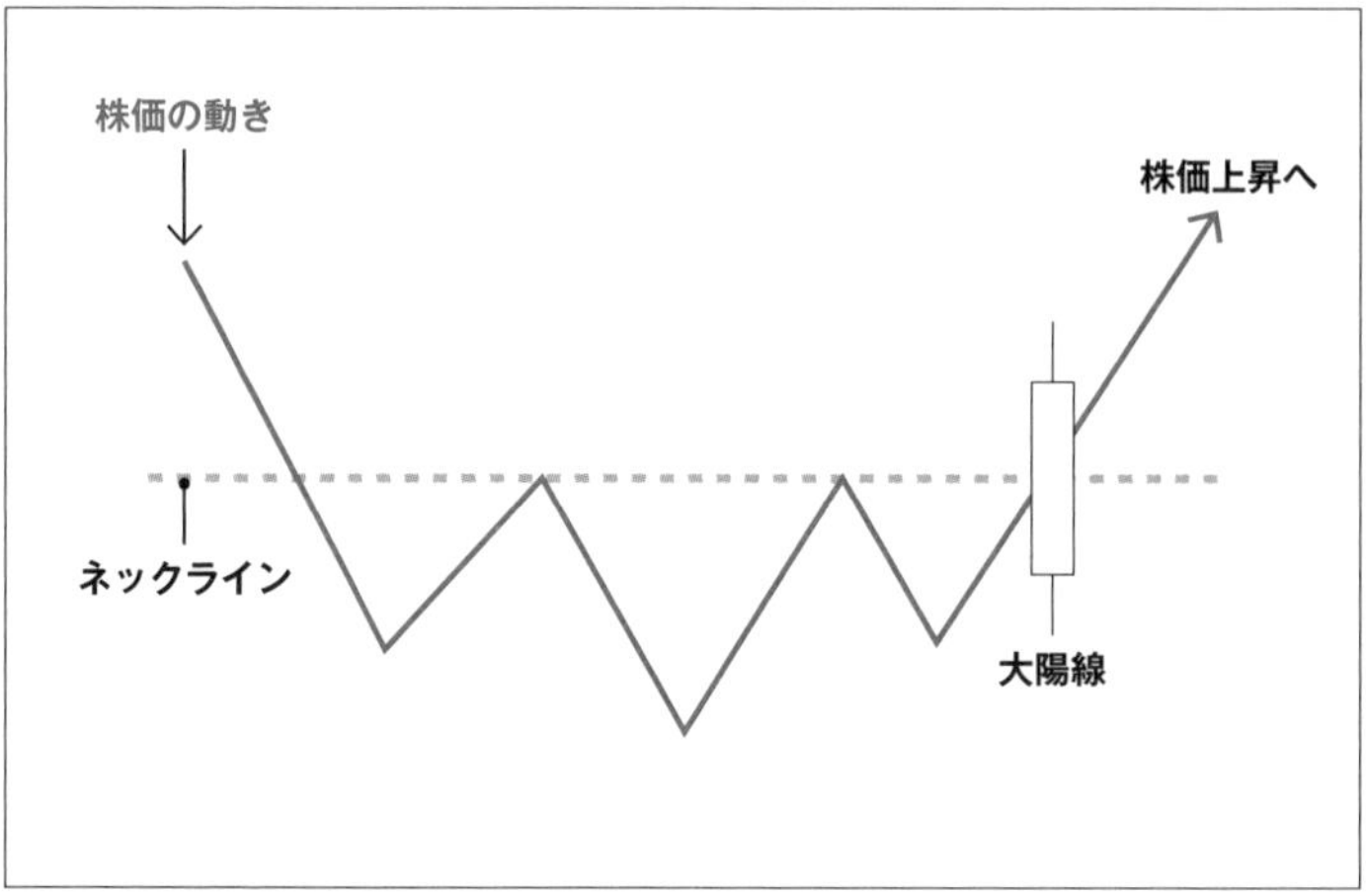

●サンリツ（9366）

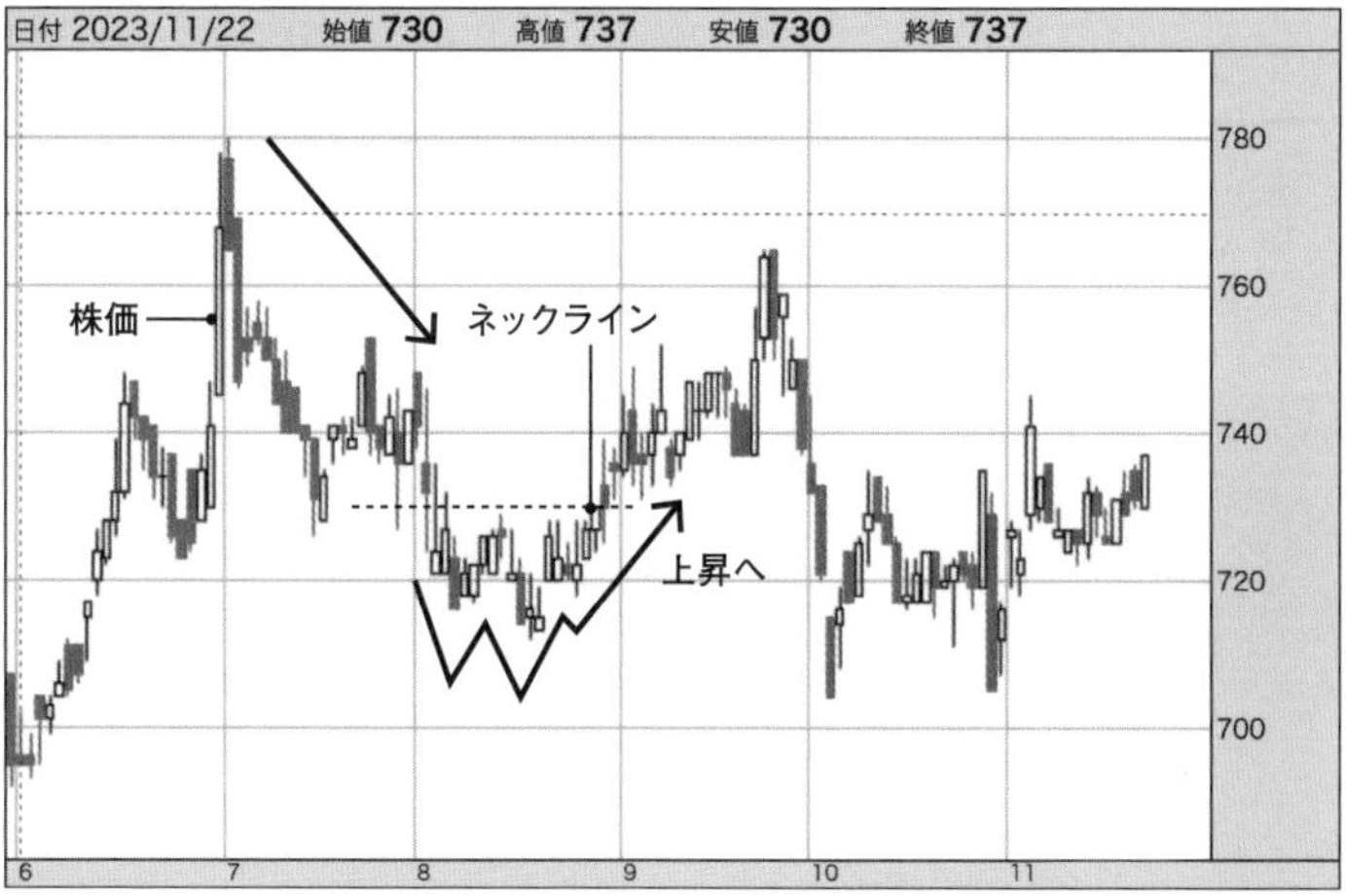

※出典：「株探」（https://kabutan.jp/）

「W」の形で上昇へ

逆ヘッド・アンド・ショルダーより「谷」が一つ少ない形を「ダブル・ボトム」といい、これも反転上昇のシグナルとなります。

下落が続いた株価が、底値圏でいったん小反発します。少し戻ったところで投資家が、ここが売りのチャンスとばかりに売りに出し、再び下落します。最初の谷底あたりで売り物が出尽くし、そこから本格的な上昇がはじまります。

売り物の出尽くしによって、いわば「上値の重し」が取れて、株価は軽やかに上昇へ向かいます。最初の谷と二つ目の底値はほぼ同じか、二つ目の底値が多少高くなります。

最初の底値から反発、小さな山の頂点がネックラインとなります。二つ目の底値から上昇し、ネックラインを上に突き抜けた時がダブル・ボトムの完成です。ネックラインを突き抜けた時、多くの投資家も認識しているので買いが殺到し、大陽線が現れやすくなります。

●ダブル・ボトム

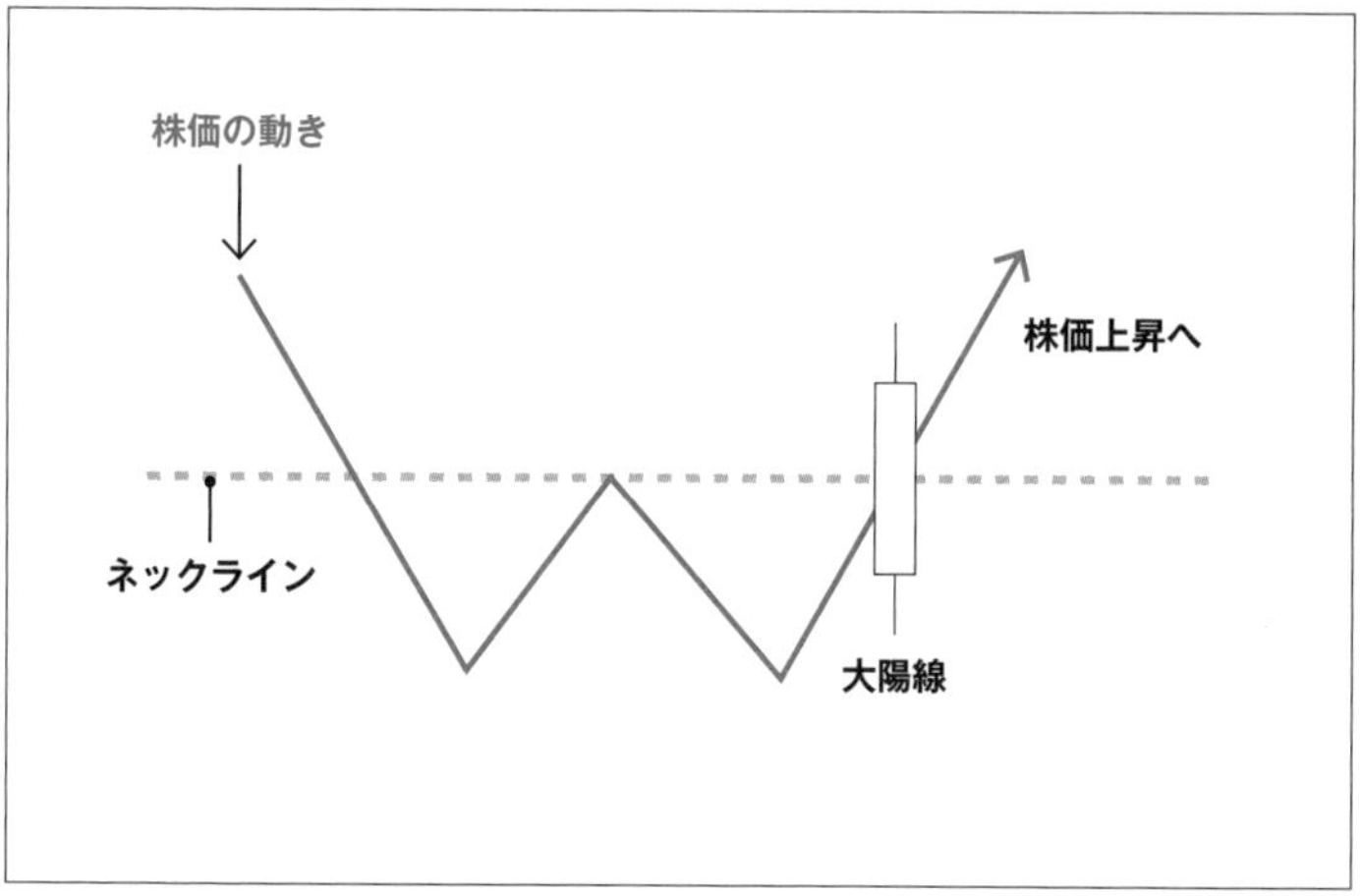

●JAC Recruitment (2124)

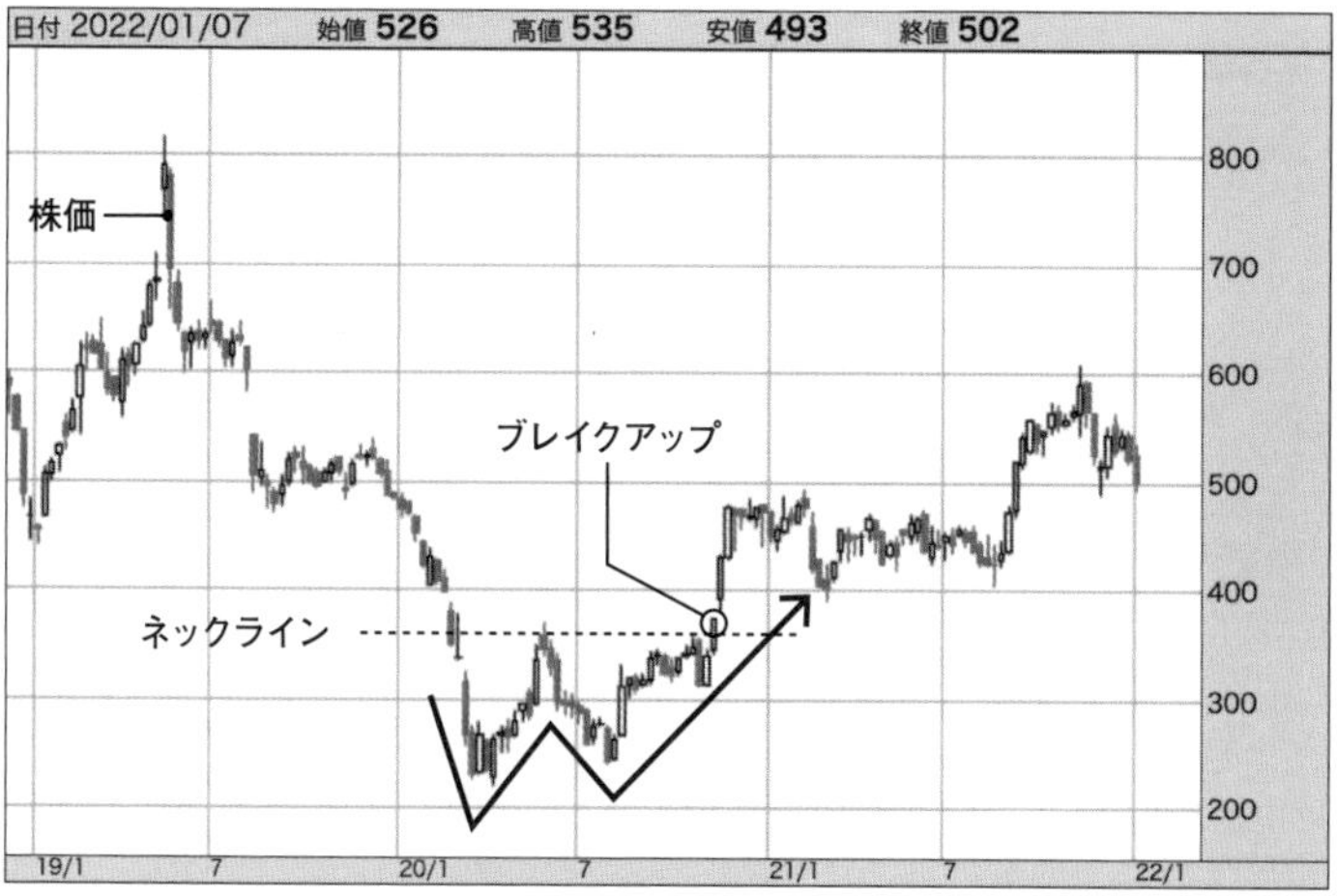

※出典：「株探」(https://kabutan.jp/)

頭打ち3回で下落へ

ここから下落のパターンを紹介します。

「逆ヘッド・アンド・ショルダー」をひっくりかえした形、「ヘッド・アンド・ショルダー」は下落のシグナルとなります。「三尊」ともいいます。

株価の動きが3回上値に当たり、そのつど跳ね返されます。三つの「山」が現れて、最初の山と三つ目の山から、二つ目の山が高くなります。谷が二つ出現するわけですが、その谷底と谷底を結んだ線が、ネックラインとなります。三つ目の山から株価が下落して、このネックラインを下に突き抜けたところで、ヘッド・アンド・ショルダーが完成となります。

ネックラインを突き抜ける時、多くの投資家もみな同じ判断をするので、売りが殺到します。

二つ目の高値で上抜けることができなかったことにより、失望した買い手からの売りがかさみ、下落は長期にわたりがちとなります。

●ヘッド・アンド・ショルダー

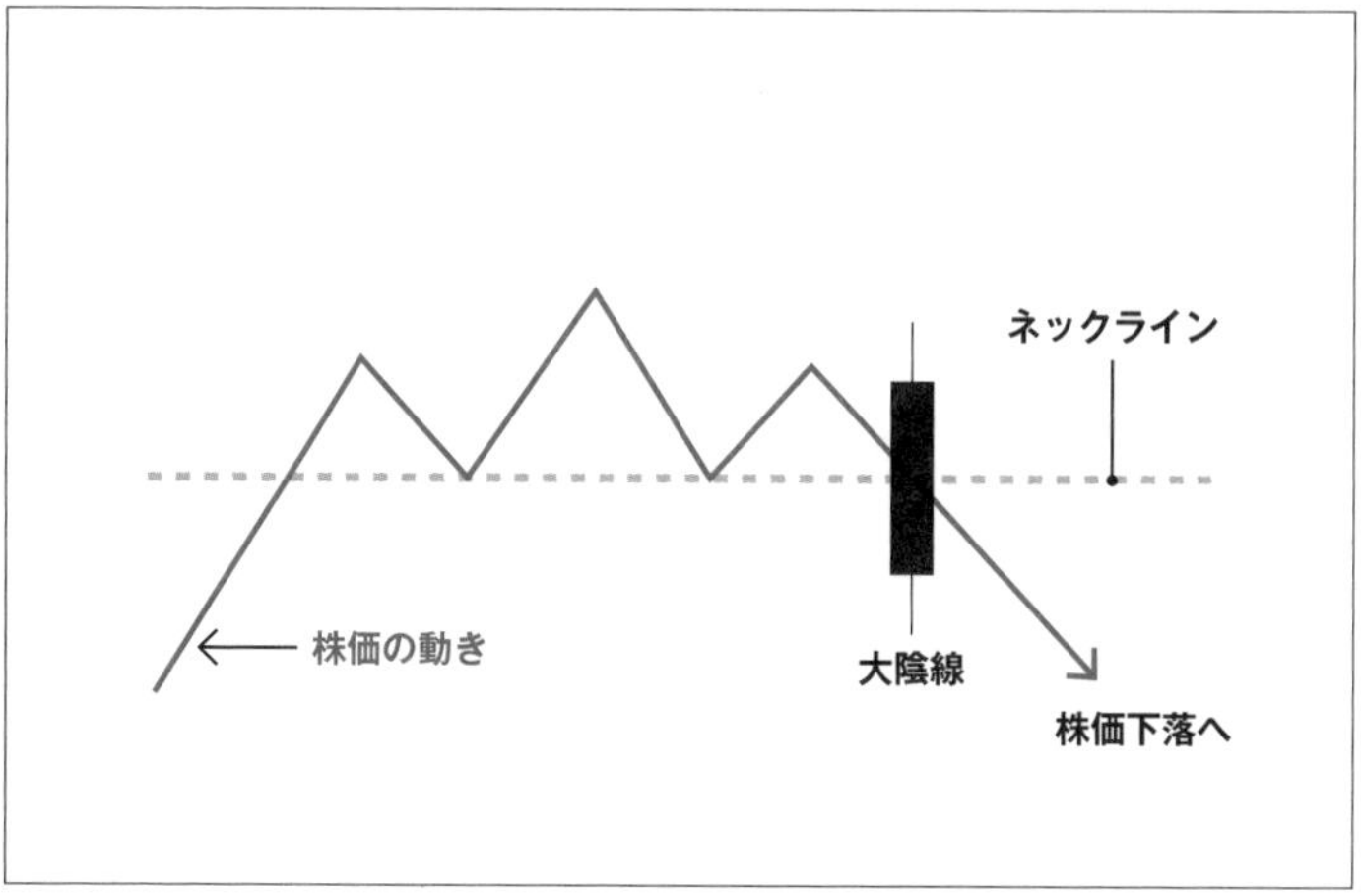

●東京電力（9501）

※出典：「株探」（https://kabutan.jp/）

「M」の形で下落へ

高値圏で二つの山が形成されたら、これを「ダブル・トップ」といい、これも下落のシグナルとなります。株価上昇が続き、高値圏に達すると利益確定売りが少しずつ増えていきます。

多少、株価が下落した時（押し目）、今度はそれまで買い損ねていた投資家が、そこで買いを入れます。再度株価は上がりますが、直前の高値付近がパワーの限界となって、買いは力尽き、株価が下落に転じるのです。

山と山に挟まれた谷がネックラインとなります。

株価がこのネックラインを下に突き抜けた時が、ダブル・トップの完成。下落に歯止めが利かなくなります。

ネックラインを突き抜ける時は、多くの投資家たちもわかっているので売りが売りを呼び、大陰線が現れやすくなります。当分、買い方より売り方のほうがパワーが勝るので、当分上昇の兆しは見えません。

●ダブル・トップ

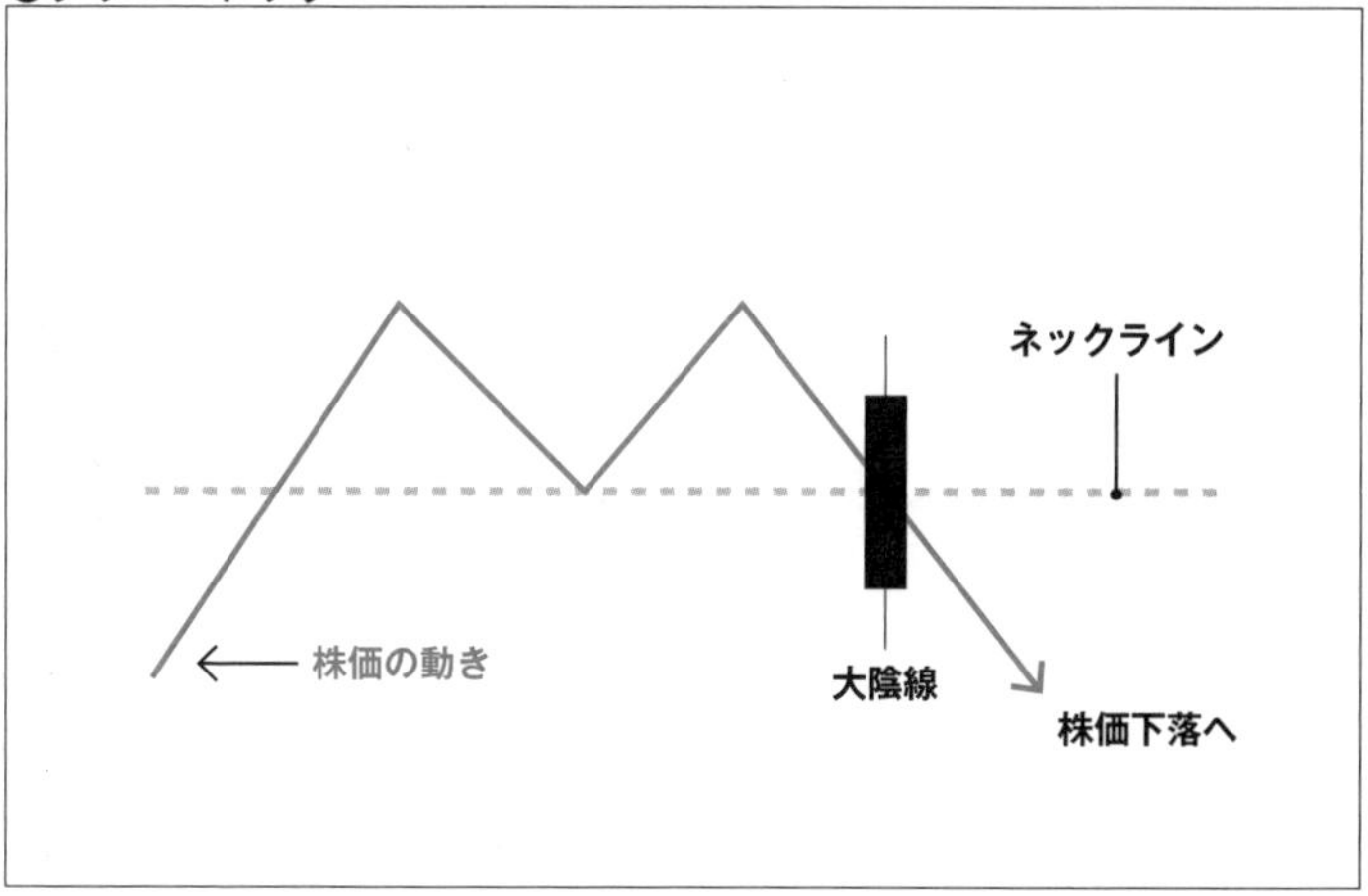

●日本電設工業（1950）

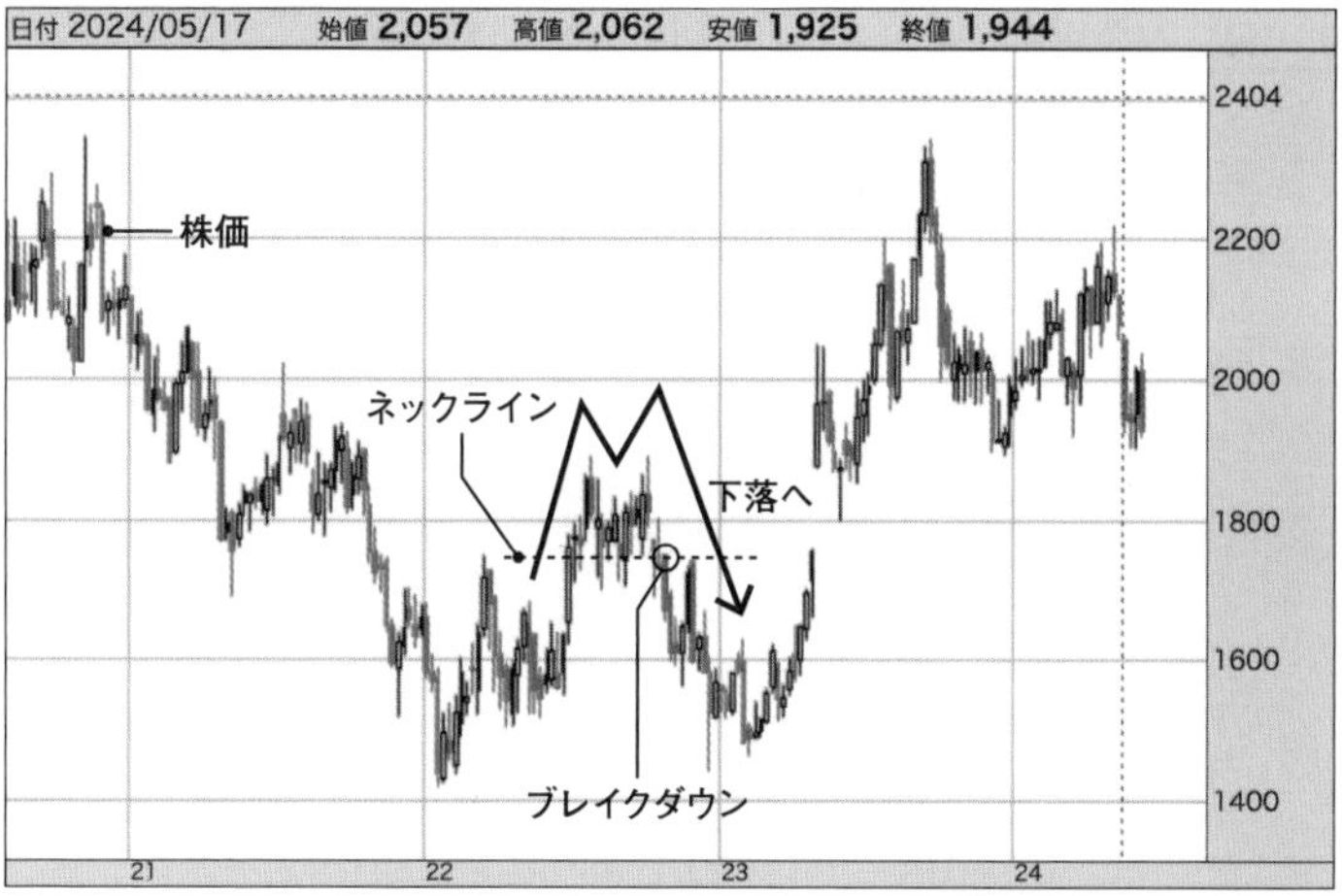

※出典：「株探」（https://kabutan.jp/）

コラム

証券会社が株価操作？

昔はよく営業マンが顧客の株を勝手に売り買いして問題を起こすという事案がありました。証券会社の営業マンは、自分自身の株の売買は禁止されていますが、それでも家族名義で行なったり、中には客の持株や資金を使って取引を行なったりする不届きものがいました。さすがにネット取引全盛の時代には見かけなくなりましたが。

バブル経済が終わったあたりでしょうか。私の知り合いがその被害に遭いました。所有する株を勝手に売られて資金も持ち逃げされたのです。

その人が証券会社に抗議しますが、証券会社はその被害を補償しようとしません。それでも粘り強く交渉した結果、証券会社はある提案を行ないます。

「損失の補填はできません。では、こうしてください。○○の株を今買えば、損失分の値上がりは確保できます。そのあとはお客様の判断で行なってください」

その人は言われた通りの銘柄で利益を挙げ、損失を被った分を穴埋めしました。問題は、証券会社が上がるとした銘柄です。無理に株価を引き上げたのは、政治銘柄か何かだったのでしょうか……。

巻末特典

検証！　損した投資家　得した投資家

株式投資は、自分自身との戦いでもあります。

大金を株式市場に投じれば、普段とは違った心理状態になるものです。「利益を得たい」「損はしたくない」という心理状態の中で、いかに冷静でいられるか。

この心の動きを、うまく言い表しているのが、「株式格言」です。それぞれ、「儲けたい」「損したくない」という葛藤のなかで投資家がどう行動するか。

株式投資に臨んだ実在の人物の心の動きは、実に興味深いもので参考になります。実際に株を売り買いした投資家が、買い、売り、その間、それぞれの場面ごとにどう心が揺れ動いたかを示すデータを公開します。

私が推奨銘柄の配信をはじめた頃、そのデータを提供してくれることを条件に、モニターとして一部の方に無料で推奨銘柄を提供していました（今ではやっていません）。主にその時提供いただいたデータをもとに、投資家の心理状態を「株式格言」でひも解いてみます。

●シノプス（4428）

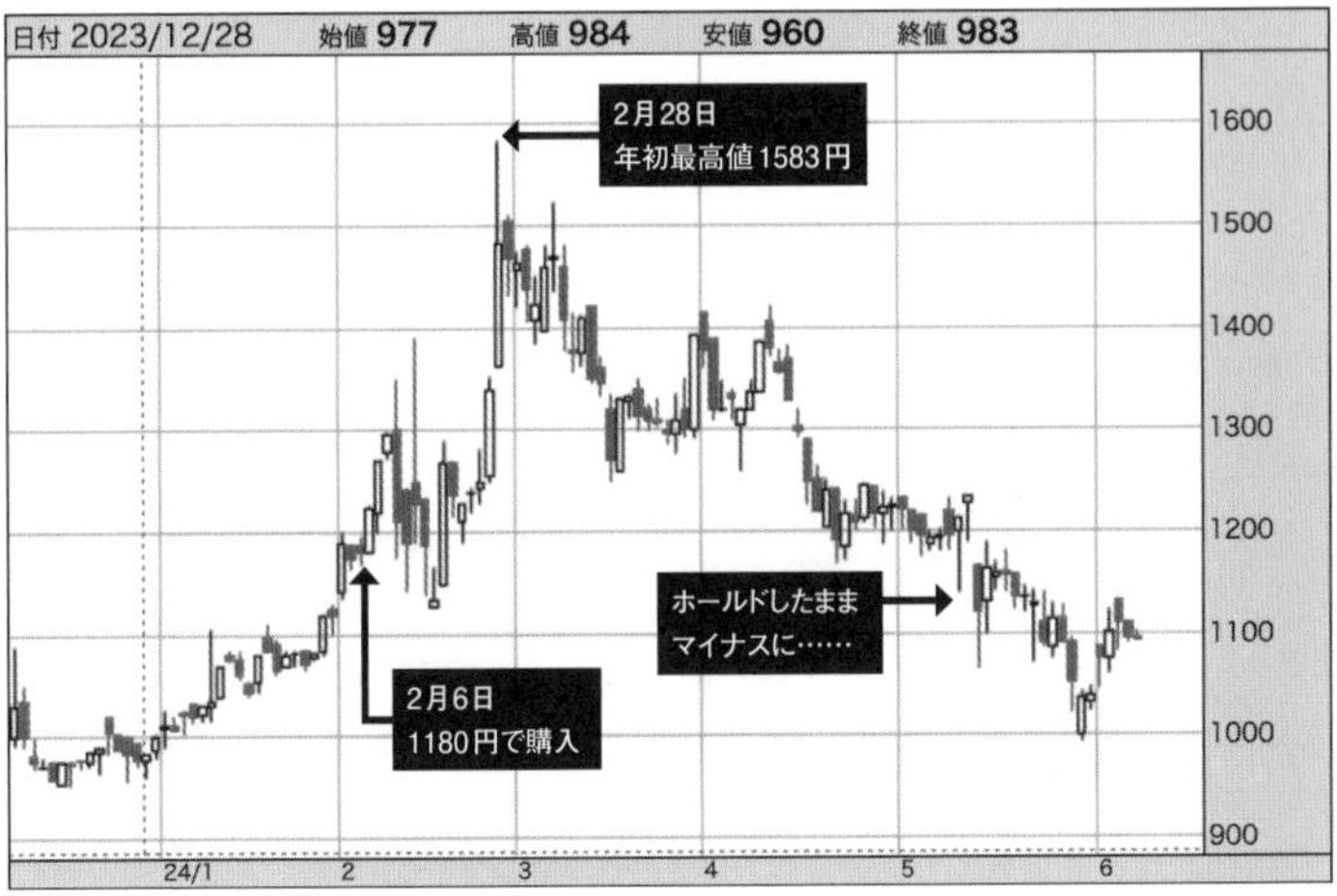

出典：「株探」(https://kabutan.jp/)

「備えあれば迷いなし」

株を購入したあと、「出口戦略」を立てている人は意外に少ないもの。上げても下げても「この価格になったら売る」というシナリオを持つことは大事です。

２０２４年2月5日配信記事で推奨したのがシノプス（４４２８）。前営業日の終値は１１７４円でした。ある投資家が6日に１１８０円で購入します。短期推奨を基本としているので、9日の１３００円台半ばが一つの売り時でした。しかし、「まだ上がりそう」とばかりにホールド、2月28日の年初来高値１５８３円でも売り損ね、とうとう値が下がってマイナスになった今、塩漬け状態です。

●東亜建設工業（1885）

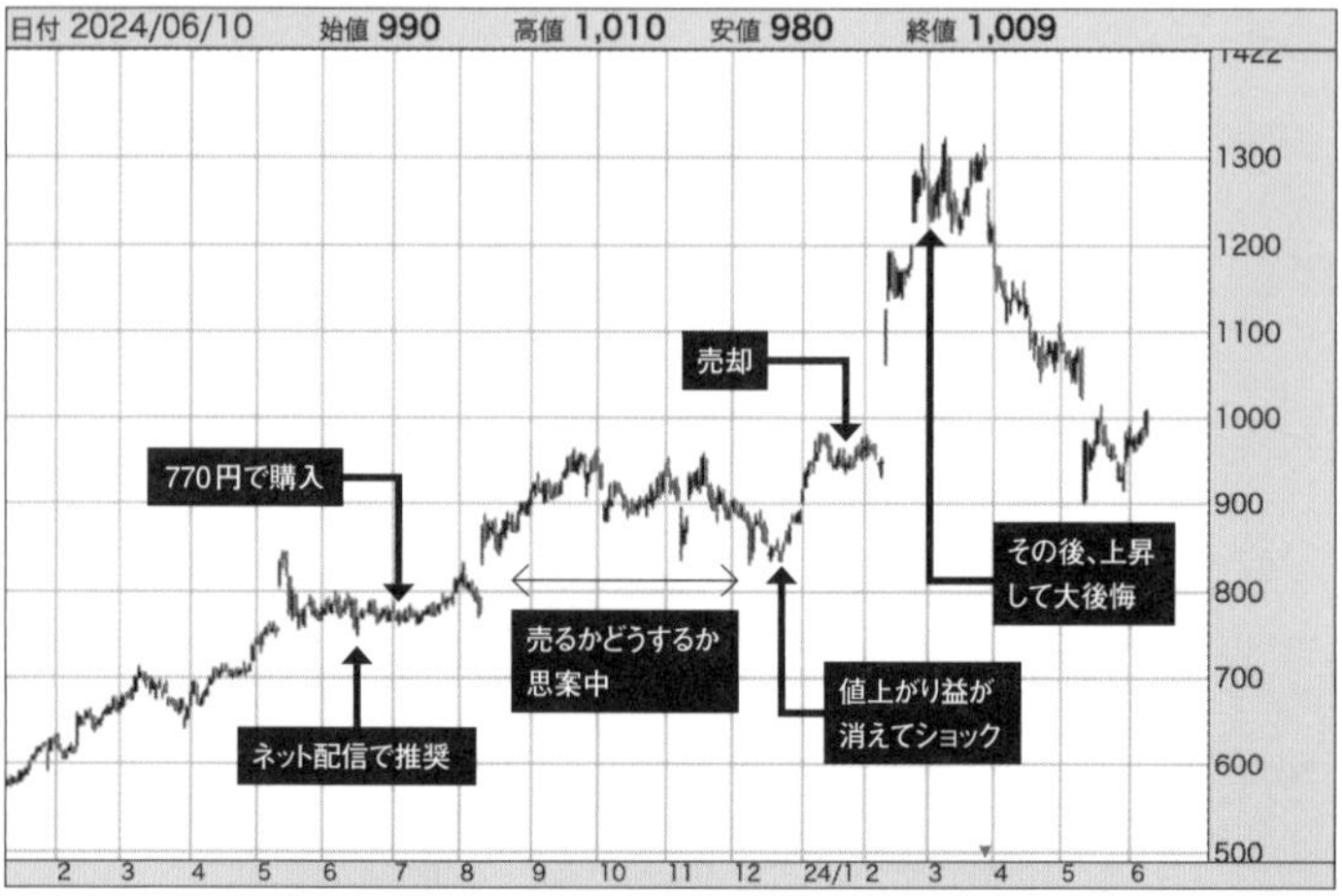

出典：「株探」（https://kabutan.jp/）

「もうはまだなり　まだはもうなり」

株価の底値や天井を予見することは難しいもの。「もう買い時」と思っても、さらに株価が下がり、「もう高値だから売ろう」と売ったら、さらに上がったという話はよくあります。チャートの銘柄は2023年6月に推奨したもの。2024年3月期の業績予想が大幅増益というのが推奨理由。

私の推奨を受けて投資家Aさんは7月初頭に770円ほどで購入。その後株価は上がり、9月、10月、11月といつ売るか迷い、年明けに950円ほどで売却。ところが、そのあと1カ月ほどで1300円まで上昇……。

●SFPホールディングス（3198）

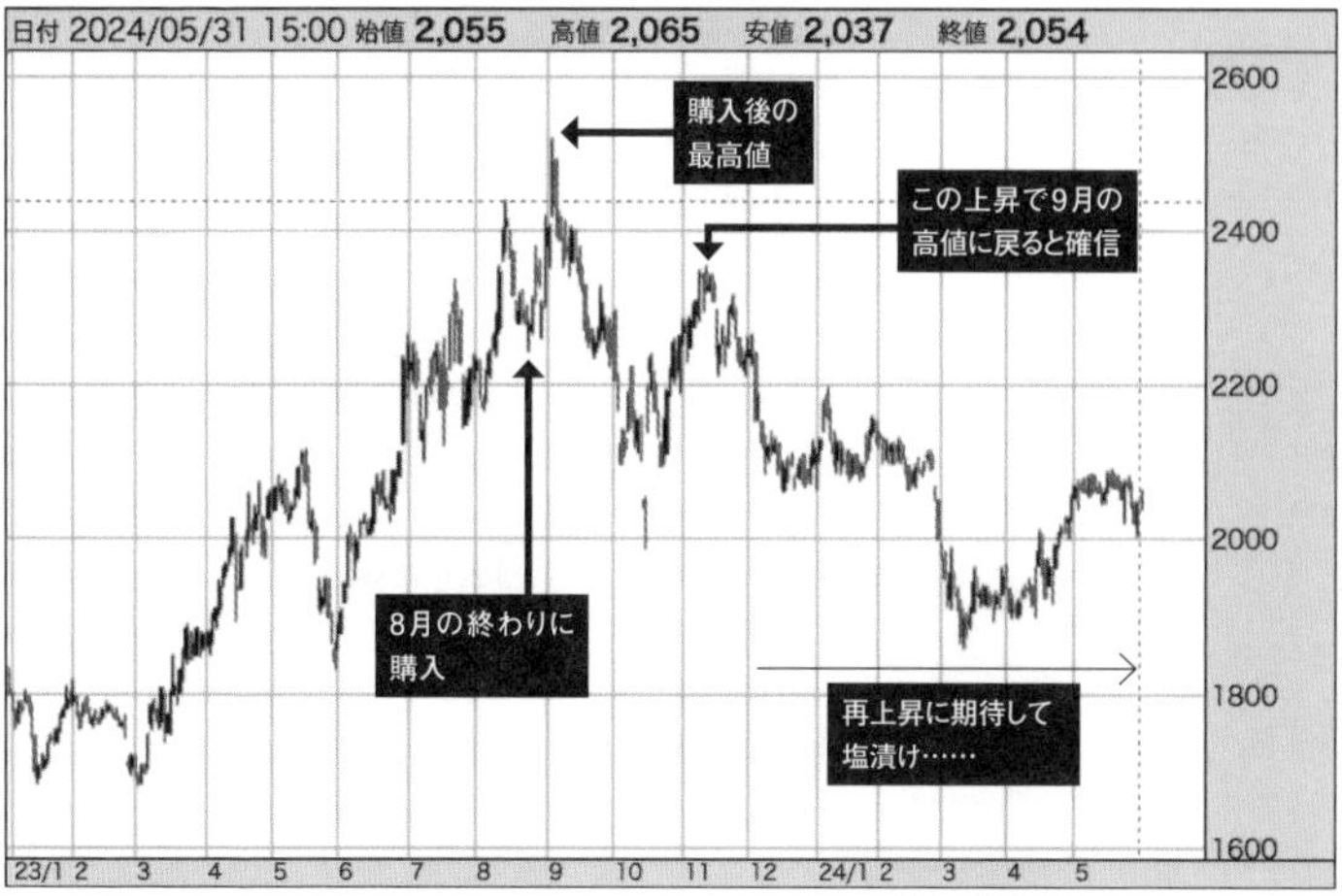

出典：「株探」（https://kabutan.jp/）

「高値覚え」

過去の高値を「適正水準」と思い、「いつか、そこまで株価が回復する」と錯覚すること。

前項で登場したAさんは、2023年8月に私の推奨文を見て購入。推奨理由は、コロナ禍で赤字転落した飲食店銘柄が、いずれ回復すると見てのこと。株価はすぐに上昇し、9月に入って2500円を超えそこが売り時でしたが、Aさんはホールドを選択。ところがそのあと、株価が下落。「いつか、上がるだろう」となおホールド。Aさんは、前項の東亜建設工業（1885）を早めに売って後悔したことが、尾を引いていました。

●アピリッツ（4174）

出典：「株探」（https://kabutan.jp/）

「見切り千両」

株を買ったものの思惑と違ったら、損切りしたほうが長い目で見て投資効率が良くなるという教えです。

チャート図は、短期売買で推奨した銘柄、BさんCさんの二人が投資しました。しかし、お二人には「数日以内に決済する短期売買」という認識が欠けていたようです。1400円割れで購入し2～3日で1500円を超えて利食いのチャンスがあったにもかかわらず、そのチャンスを逃しました。反落後、Bさんはすぐに見切り売りしてほとんど損はありませんでした。ところがCさんはその後もホールド、傷口を広げています。

●双日（2768）

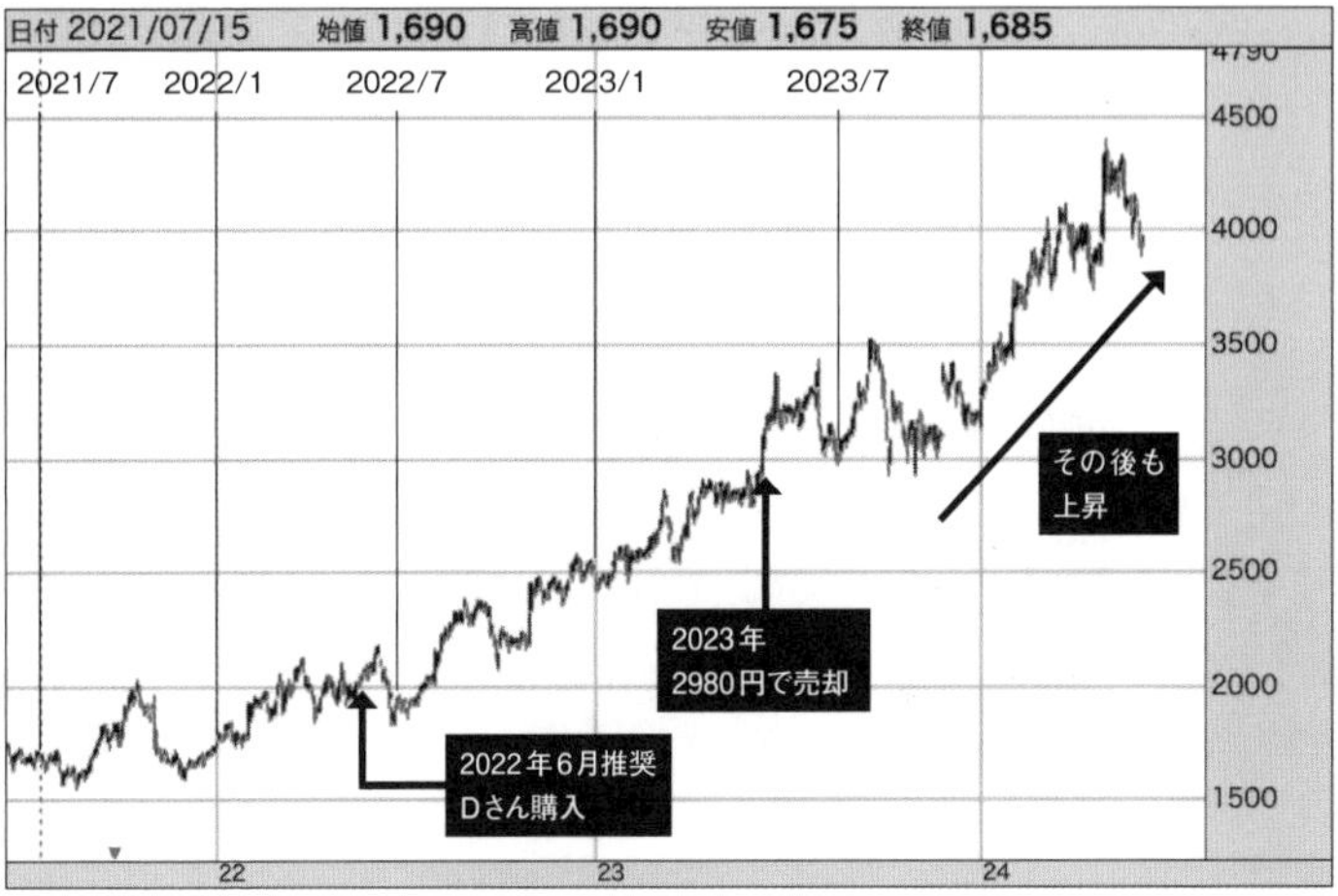

出典：「株探」（https://kabutan.jp/）

「売り買いは腹八分」

最安値で買い、最高値で売る——投資家にとっては理想かもしれませんが、これを狙おうとすると失敗します。

チャートの双日（２７６８）は２０２２年６月に推奨。Ｄさんは、その数日後に記事を目にして購入しました。買い値は２０１０円。株価はどんどん上昇していきました。１年ホールドして２９８０円で売却。かなりの好成績です。

しかし、株価はその後も上がり続け、とうとう４０００円超えにまで上昇。Ｄさんは、投資仲間に「もっと持っておけば、さらに儲けられたのに」と冷やかされますが、本人はスルーしています。

●プラップジャパン（2449）

出典：「株探」（https://kabutan.jp/）

「下手なナンピン、スカンピン」

ナンピン買いも状況をうまく判断して、タイミングを計って行なわないと、かえって傷口を広げる結果につながりかねません。

Eさんがプラップジャパン（2449）を購入した時の株価は、1220円。短期売買を考えていたものの、その後の上昇で売るタイミングを逃し、下落して株価1140円で同数買い増し。買い平均コストを下げます。

ところが下落はその後も続き、損失をどんどん広げてしまいます。

けっきょく当初の2倍分の損失を抱えて損切りするハメになりました。

●ローム（6963）

出典：「株探」（https://kabutan.jp/）

「漁師は潮を見る」

Fさんが半導体関連のローム（6963）を購入したのは、2023年の年の瀬。半導体関連銘柄は有望と思い、また株式分割で買いやすくなった機会を狙っていました。業績もこの先良さそうで、良いタイミングと確信しての買い出動です。

ところが思惑とは反対に株価は上昇。これは循環物色といい、投資家のターゲットは次から次へと移っていくからです。いわば「半導体ブーム」は株式市場では一服といったところでしょうか。

漁師は潮回りを読み、魚の群れがいつ、どこにやって来るかを知ります。株式投資にも同じことがいえます。

おわりに

　これまで株式投資を続けてきて、思うような戦績を残せなかった方、これから株式市場に参戦されようとする方。それぞれ株式投資に臨むにあたり、いろいろな想いがあるでしょう。

　株式投資で成功して「億り人」になった方。損失に懲りて早々に撤退した方。話を伺ってみると、人生模様が十人十色で、深く考えさせられるケースもたくさんあります。

　印象に残っている方に、取材時30代半ばのＯＬの方がいました。

　手堅い積み立て投資ですが、特に凄い戦績を残しているわけではありません。配当や株主優待をゲットしながらもトータルではややマイナス。それでもその方は、明るい表情で、「楽しい投資生活」を語ってくれました。

　株式投資を始めたことで世の中の動きに注目するようになり、それまで世間知らずだったが自分が生まれ変わったようだと、話す声も生き生きしていました。株式投資を通して交友関係も広がったとのこと。

もう一方、印象に残っているのは株式投資で見た目は成功を収めた方。もともと複数のビルを所有するなど資産家で、株式投資でも億以上の財産を築き上げた投資家です。

私がお会いしたのは亡くなる数年前で、つつましい生活を送っておられましたが、死後、子ども3人の間で遺産相続でもめて仲たがいしたとのこと。その投資家が草葉の陰でどう思われているか。

お金＝幸福の条件ではない事例の一つでしょう。

お金は目的ではなく「手段」です。それぞれの人生において、お金をどういう位置づけにするかはその投資家次第ですが、本書が豊かな人生を送る一助となってくれることを祈ってPCを閉じます。

著者

安恒 理（やすつね おさむ）
1959年、福岡県生まれ。慶應義塾大学文学部卒業後、出版社に勤務。月刊誌の編集に携わったあと、ライターとして独立する。マネー誌への執筆をはじめ、投資、ビジネス、スポーツ、サブカルチャーなど幅広い分野で活躍。株式投資歴は、1987年のブラックマンデー以降、35年以上に及ぶ。ウェブマガジン配信サービス「foomii」にて「株・銘柄選びの極意『今週のイッパツ勝負』」（短期投資）を配信中。また、Web媒体「現代ビジネス」にて中長期投資銘柄を紹介している。投資関連の主な著書に『いちばんカンタン! 株の超入門書 改訂4版』（高橋書店）、『マンガでわかる最強の株入門』（新星出版社）など。投資関連の著書は累計140万部を超える。

STAFF
編集協力：林 賢吾、山下孝子、渡邉 亨（ファミリーマガジン）
カバーデザイン：小口翔平＋青山風音（tobufune）
本文デザイン・DTP：ファミリーマガジン

5万円からはじめる！
1億円を作る株式投資

2024年7月12日　第1刷発行

著　者　　安恒 理
発行人　　関川 誠
発行所　　株式会社宝島社
〒102-8388
東京都千代田区一番町25番地
電話：編集　03-3239-0928
　　　営業　03-3234-4621
https://tkj.jp
印刷・製本　サンケイ総合印刷株式会社

ISBN 978-4-299-05737-2